ス・谷長治郎先生との組手（左筆者）
昭和34年（1959年）5月12日神戸新聞、「この道に生きる」より

壱百零八拳

右から左へ、上から下へ読む：

第一段
- 現竜蔵虎
- 翻雷滾天
- 竜帰泉洞
- 虎凭出海
- 雙竜推山
- 猛虎抱月
- 竜戯攔
- 饿虎抱水
- 竜伏地
- 雙虎伏水
- 饿虎退蚊
- 雙竜入井
- 烏竜帰巣
- 百鳥帰巣
- 山中蔵花
- 月裏蔵花

第二段
- 運手鷹爪
- 回頭虎尾
- 流星驛月
- 二竜争珠
- 霊獅開口
- 懶虎伸腰
- 白猿献桃
- 猴子偸斗
- 魁星撥扇
- 鬼王踢塔
- 天王托柴
- 仙人担仏
- 小童拝金
- 童子抱金
- 小鬼献靴
- 小鬼脱靴
- 将軍帯馬
- 二姑拿鼠

第三段
- 将軍勤留
- 唐人照鏡
- 宝照鏡
- 美女絞紗
- 截虎帰千
- 帯馬朝天
- 拳手壁
- 雙星朝天
- 滾身浄法
- 拔虎尾
- 水底携月
- 浪裏抛球
- 独行千里
- 連環通天
- 単坐蓮花
- 側插楊柳
- 雙搥日月
- 連搥陰陽

第四段
- 八卦掌法
- 雙攻翼勢
- 鳳凰展翼
- 蝴蝶雙飛
- 鯉魚鉋水
- 宝蓮
- 黄鴨穿水
- 白鶴踏雪
- 烏鶏翻涼
- 燕雀開屏
- 孔雀開立
- 老樹盤根
- 書眉反架
- 金線吊爐
- 単插花勢
- 雙撞鐘鳴

第五段
- 二歩斬劍
- 百歩穿楊
- 扣弾花勢
- 両度剪
- 標脾攻法
- 金鞍馬扣
- 連環馬
- 動身浄
- 側攻拳
- 進攻手
- 移身小跳
- 書眉尖
- 左眉明
- 連環掛
- 左右迎馬
- 前後競槌

第六段
- 進歩
- 回馬歩
- 揺三撤
- 打四平拳
- 進三平拳
- 坐雙托掌
- 荷葉托
- 纏糸連明
- 雙竜過
- 金鷄鎖喉
- 跳書
- 走蔵
- 横欄虎尾
- 直進平陽
- 連環跪膝
- 左右撥脚
- 退跳千字
- 横歩四平

教本
Manual
Manuel

壱百零八拳
Eberinpar-chen

一〇八 修交会 Ippyakureihachi
スーパーリンペイ 剛柔流 Super Rinpei
スーパーリンペイ 糸東流 Super Rinpei
百歩連 Becchurin

糸東流修交会
Shito-ryu Shuko-kai

山田　治義（やまだ・はるよし）

山田派糸東流修交会	範士十段
全日本空手道連盟	範士八段
全日本空手道連盟	（元）一級資格審査員
日本体育協会	競技力向上上級コーチ
柔道（講道館）	五段
全日本実業団空手道連盟	会長
芦屋大学	客員教授
日中文化教育経済関西交流協会	顧問
株式会社やすらぎ企画	代表取締役社長

YAMADA Haruyoshi

Yamada-ha Shito-ryu Shuko-kai	10th Dan Hanshi
Japan Karatedo Federation	8th Dan Hanshi
Japan Karatedo Federation	Former 1st Grade Referee
Japan Sports Association	Competitive Sports Class A Coach
Judo (Kodokan)	5th Dan
All Japan Businessmen Karatedo Federation	President
Ashiya University	Visiting Professor
JCCEIA (Kansai)	Advisor
Japan Judo Therapist Association	Functional Training Instructor Certified Judo Therapist
Yasuragi Enterprises	President and Director

Awards

Nov.11th, 1999
Recipient of the Amagasaki Distinguished Service Award in Physical Education from Yoshio Miyata, the Mayor of Amagasaki City

Oct.13th, 2007
Recipient of the Distinguished Service Award from the Japan Karatedo Union

Feb.14th, 2008
Recipient of the Distinguished Service Award of the Hyogo Sports Association from Toshizo Ido, the Governor of Hyogo Prefecture

Apr.21st, 2010
Recipient of the Mizuno Sports Mentor Award from the Mizuno Sports Promotion Foundation

発刊に寄せて

　糸東流修交会の山田治義氏が、満を持して「壱百零八拳」の教本を著されました。

　糸東流は、師である糸州安恒と東恩納寛量の名を一文字ずつ貰ったことが由来とされています。首里手、那覇手以来の形、技法について模索を続け、松村流、新垣流などの各派を修め、空手以外にも琉球古武術の棒術、釵術(さいじゅつ)を学び、すべての技術と精神を融合、融和させたのが糸東流空手道です。

　両名の名を由来にするとおり、糸東流空手道は糸州派と東恩納派、両派の元の形をそのまま混同することなく伝承しているのが特長で、最初は「首里手」【合理性・敏捷性を形により養い、体力の鍛錬は形以外で練り上げる】から入り、後に「那覇手」【体力鍛錬を形によって養い、各動作の合理性・敏捷性は個々の練習によって鍛錬する】の基本に入るという、両派の理念をもっています。両派の「形」の原型をそのままに伝えているため他流派に比べて「形」の数が多く、「形」についてのいくつもの教則本が出版されていますが、基本から書かれた本書は、初心者の学習にはもちろん、有段者の選手の復習にも充分応えることができる内容だと思います。

　糸東流が「形」にこだわるのは、「攻撃・受け」を最短最速の動きでおこなうことを理想としているからです。そのため、必要以上に派手な大きな動作をおこなわず、無理な力を使わないのです。だから「形を極める」ことが最重視されます。

　「形を極める」ことが重要なのは、糸東流には「守・破・離」という教えがあるからです。「守・破・離」とは、「守―基本に忠実」「破―基本の応用」「離―そこからの独立」という意味です。この「守・破・離」は、糸東流だけでなく、能、歌舞伎といった日本の伝統芸能にも脈々と流れている思想です。つまり、何かを極め、自分を高みに上げていくための思想であり、同時に方法論なのです。「守・破・離」は、技術指導だけでなく精神教育も重視する糸東流の姿勢にも通低する考え方だと思います。

　本書は、「守―基本に忠実」のための著書であるといえると思います。「守―基本に忠実」であることはすべての出発点であり、何度も再帰すべき地点です。教育者である私が、糸東流の教えと共感し、共闘できると思うのは、この思想を忠実に実践されているからです。山田治義氏の著書は、あらためて「守―基本に忠実」がいかに大切かを思い起こさせました。

芦屋学園理事長　髙橋　征主

教本
Manual
Manuel

壱百零八拳
Eberinpar-chen

目次
Contents
Contenu

一〇八 修交会 Ippyakureihachi	7
スーパーリンペイ 剛柔流 Super Rinpei	39
スーパーリンペイ 糸東流 Super Rinpei	73
百歩連 Becchurin	107
分解／一〇八 Ippyakureihachi	135
百歩連 Becchurin	

糸東流修交会
Shito-ryu Shuko-kai

一〇八 修交会
Ippyakureihachi

①
直立
Stand/Debout

結び立ち。　　　　　　　　　　　　　　　目付南。

Stand in Musubidachi. The hands extend to the side of the thighs. (facing south)

Se mettre en Musubidachi, les deux mains ouvertes sur le côté des cuisses. (regard vers le sud)

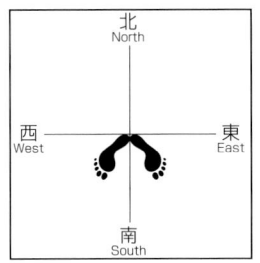

②
用意
Ready/Prêt

結び立ち、開掌を重ねる。　　　　　　　　目付南。

In Musubidachi, the hands open put together (left on top) in front of the Kinteki. (facing south)

En Musubidachi, les mains sont ouvertes, l'une(gauche) sur l'autre(droite)devant le Kinteki. (regard vers le sud)

③
挙動
Move/Mouvement

平行立ち、両手を握る。　　　　　　　　　目付南。

In Heikodachi, the hands clench. (facing south)

Se mettre en Heikodachi, les poings se serrent, bras sur les côtés, dos de la main en face. (regard vers le sud)

④
挙動
Move/Mouvement

右足一歩前進、右三戦立ち。双手中段受け。　目付南。

The right leg steps forward to the south into right Sanchindachi, both arms block with Morote-chudan-uke. (facing south)

La jambe droite avance d'un pas et se mettre en Sanchindachi droit. Les deux bras se croisent (le droit à l'extérieur) et bloquent en Morote-chudan-uke. (regard vers le sud)

⑤ 挙動 Move/Mouvement

左中段突き構え。　　　　　　　　　　　　目付南。

The left fist pulls back to the side, in Chudan-zuki Kamae (Stance the same).　　　　　　　　　　　(facing south)

En Sanchindachi droit, le poing gauche tire à l'aisselle gauche.
　　　　　　　　　　　　　　　　　　　(regard vers le sud)

⑥ 挙動 Move/Mouvement

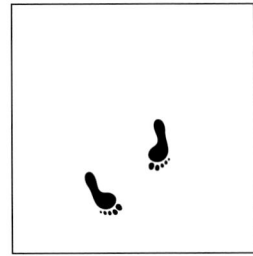

左中段突き。　　　　　　　　　　　　　　目付南。

In right Sanchindachi, the left hand punches Chudan-zuki.
　　　　　　　　　　　　　　　　　　　　(facing south)

En Sanchindachi droit, le poing gauche frappe en Chudan-zuki.
　　　　　　　　　　　　　　　　　　　(regard vers le sud)

⑦ 挙動 Move/Mouvement

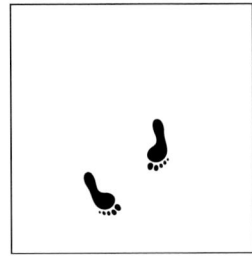

双手中段受け。　　　　　　　　　　　　　目付南。

In right Sanchindachi, Morote-chudan-uke (both arms) block.
　　　　　　　　　　　　　　　　　　　　(facing south)

En Sanchindachi droit, le bras gauche bloque en Chudan-uke, le bras droit reste dans la même position en Morote-chudan-uke.
　　　　　　　　　　　　　　　　　　　(regard vers le sud)

⑧ 挙動 Move/Mouvement

双手中段受けのまま、左足一歩前進、左三戦立ち。目付南。

Both arms remain in this position as the left leg steps forward into left Sanchindachi.　　　　　　　(facing south)

Les deux bras restent dans la même position alors que la jambe gauche avance d'un pas en Sanchindachi gauche.
　　　　　　　　　　　　　　　　　　　(regard vers le sud)

⑨ 挙動 Move/Mouvement

右中段突き構え。　　　　　　　　　　　目付南。

In left Sanchindachi, the right fist pulls back to the side, Chudan-zuki Kamae. (facing south)

En Sanchindachi gauche, le poing droit tire à l'aisselle droite (paume vers le haut). (regard vers le sud)

⑩ 挙動 Move/Mouvement

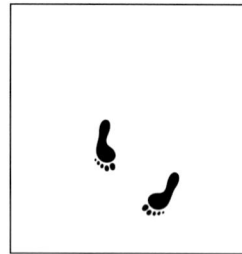

右中段突き。　　　　　　　　　　　　　目付南。

In left Sanchindachi, the right hand punches Chudan-zuki. (facing south)

En Sanchindachi gauche, le poing droit frappe en Chudan-zuki. (regard vers le sud)

⑪ 挙動 Move/Mouvement

双手中段受け。　　　　　　　　　　　　目付南。

In left Sanchindachi, Morote-chudan-uke(both arms)block. (facing south)

En Sanchindachi gauche, le bras gauche bloque en Chudan-uke, le bras droit reste dans la même position en Morote-chudan-uke. (regard vers le sud)

⑫ 挙動 Move/Mouvement

双手中段受けのまま、右足一歩前進、右三戦立ち。目付南。

Both arms remain in this position as the right leg steps forward into right Sanchindachi. (facing south)

Les deux bras restent dans la même position alors que la jambe droite avance d'un pas en Sanchindachi droit. (regard vers le sud)

⑬ 挙動 Move/Mouvement

左中段突き構え。　　　　　　　　　　　　目付南。

In right Sanchindachi, the left hand pulls back to the side, in Chudan-zuki Kamae. (facing south)

En Sanchindachi droit, le poing gauche tire à l'aisselle gauche. (regard vers le sud)

⑭ 挙動 Move/Mouvement

左中段突き。　　　　　　　　　　　　　　目付南。

In right Sanchindachi, the left hand punches Chudan-zuki. (facing south)

En Sanchindachi droit, le poing gauche frappe en Chudan-zuki. (regard vers le sud)

⑮ 挙動 Move/Mouvement

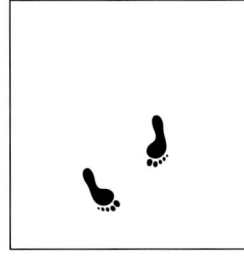

双手中段受け。　　　　　　　　　　　　　目付南。

In right Sanchindachi, Morote-chudan-uke(both arms)block. (facing south)

En Sanchindachi droit, le bras gauche bloque en Chudan-uke, le bras droit reste dans la même position en Morote-chudan-uke. (regard vers le sud)

⑯ 挙動 Move/Mouvement

両手を両脇に引き、甲下に構える。　　　　目付南。

In right Sanchindachi, both hands pull back to the armpits, palms up. (facing south)

En Sanchindachi droit, les deux mains tirent aux aisselles, paumes vers le haut et poings fermés. (regard vers le sud)

⑰ 挙動
Move/Mouvement

両脇より握り拳を開掌にしながら前方へ突き出す。　目付南。

In right Sanchindachi, both hands extend forward from the side in a punching motion.　(facing south)

En Sanchindachi droit, les deux mains partent des hanches se placent devant poings fermés pour se déployer.
(regard vers le sud)

⑱ 挙動
Move/Mouvement

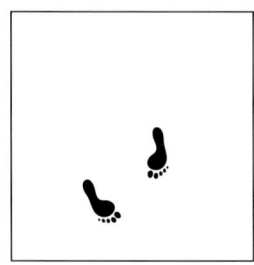

左右に伸ばす。　　　　　　　　　　　目付南。

In right Sanchindachi, both hands open and extend to the sides.　(facing south)

En Sanchindachi droit, les deux mains s'ouvrent et se déploient sur les côtés.
(regard vers le sud)

⑲ 挙動
Move/Mouvement

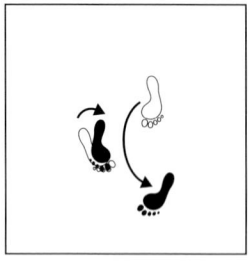

左足一歩前進、左三戦立ち、巴受けの構え左掌下。
目付南。

The left leg steps forward into left Sanchindachi, in Kamae for Tomoe-uke (windmill), left hand underneath.
(facing south)

La jambe gauche avance d'un pas en Sanchindachi gauche, en Kamae pour Tomoe-uke (moulin à vent), main gauche dessous.
(regard vers le sud)

⑳ 挙動
Move/Mouvement

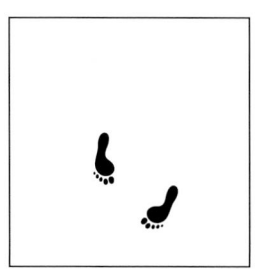

巴受け準備。　　　　　　　　　　　　目付南。

In left Sanchindachi, block Tomoe-uke.　(facing south)

En Sanchindachi gauche, bloquer Tomoe-uke.
(regard vers le sud)

㉑ **挙動** Move/Mouvement

巴受け極め。　　　　　　　　　　　　　　　　目付南。

In left Sanchindachi, the Tomoe-uke final stage.
(facing south)

En Sanchindachi gauche, phase finale de Tomoe-uke.
(regard vers le sud)

㉒ **挙動** Move/Mouvement

右足一歩前進、右三戦立ち、巴受けの構え右掌下。
目付南。

The right leg steps forward into right Sanchindachi, in Kamae for Tomoe-uke (windmill), right hand underneath.
(facing south)

La jambe droite avance d'un pas en Sanchindachi droit, en Kamae pour Tomoe-uke (moulin à vent), main droite dessous.
(regard vers le sud)

㉓ **挙動** Move/Mouvement

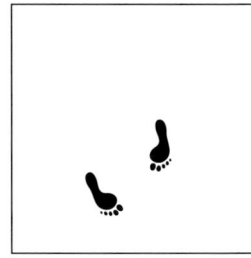

巴受け準備。　　　　　　　　　　　　　　　　目付南。

In right Sanchindachi, block Tomoe-uke.　(facing south)

En Sanchindachi droit, bloquer Tomoe-uke.
(regard vers le sud)

㉔ **挙動** Move/Mouvement

巴受け極め。　　　　　　　　　　　　　　　　目付南。

In right Sanchindachi, the Tomoe-uke final stage.
(facing south)

En Sanchindachi droit, phase finale de Tomoe-uke.
(regard vers le sud)

㉕

挙動
Move/Mouvement

右裏受け。　　　　　　　　　　　　　　　　　　目付南。

In right Sanchindachi, the right hand blocks Ura-uke.
(facing south)

En Sanchindachi droit, la main droite bloque Ura-uke.
(regard vers le sud)

㉖

挙動
Move/Mouvement

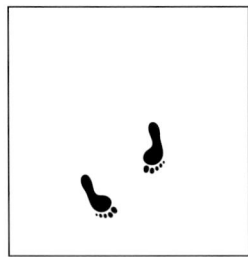

右裏受けから掛け手。　　　　　　　　　　　　　目付南。

In right Sanchindachi, the right hand performs Kake-te.
(facing south)

En Sanchindachi droit, la main droite exécute ensuite Kake-te.
(regard vers le sud)

㉗

挙動
Move/Mouvement

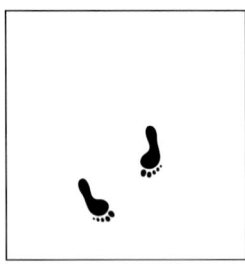

右掛け手を引き、左貫手。　　　　　　　　　　　目付南。

In right Sanchindachi, the right hand (Kake-te) pulls back and the left hand strikes Chudan-nukite. (facing south)

En Sanchindachi droit, la main droite en Kake-te tire à la hanche et la main gauche frappe Chudan-nukite.
(regard vers le sud)

㉘

挙動
Move/Mouvement

（北に廻る準備）右足移動構え（三戦の廻り方）、左三戦立ちの構え。　　　　　　　　　　　　　　　目付南。

The right leg moves across to the east ready to rotate to the north into left Sanchindachi. (facing south)

La jambe droite croise devant la jambe gauche en Kosadachi en direction de l'est, prête pour effectuer une rotation vers le nord en Sanchindachi gauche. (regard vers le sud)

㉙ **挙動** Move/Mouvement

北方向へ振り向き、左三戦立ちへ、巴受けの構え右掌下。
　　　　　　　　　　　　　　　　　　　目付北。

The left leg steps forward into left Sanchindachi, in Kamae for Tomoe-uke (windmill), right hand underneath.
(facing north)

La jambe gauche se tourne vers le nord en Sanchindachi gauche, en Kamae pour Tomoe-uke(moulin à vent), main droite dessous. (regard vers le nord)

㉚ **挙動** Move/Mouvement

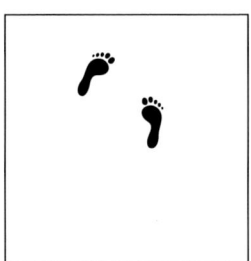

巴受け準備。　　　　　　　　　　　目付北。

In left Sanchindachi, block Tomoe-uke. (facing north)

En Sanchindachi gauche, bloquer Tomoe-uke.
(regard vers le nord)

㉛ **挙動** Move/Mouvement

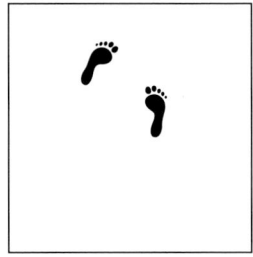

巴受け極め。　　　　　　　　　　　目付北。

In left Sanchindachi, the Tomoe-uke final stage.
(facing north)

En Sanchindachi gauche, phase finale de Tomoe-uke.
(regard vers le nord)

㉜ **挙動** Move/Mouvement

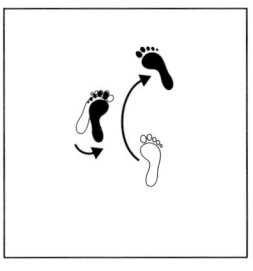

右足一歩前進、右三戦立ち、巴受けの構え右掌下。
　　　　　　　　　　　　　　　　　　　目付北。

The right leg steps forward to the north into right Sanchindachi, in Kamae for Tomoe-uke (windmill), right hand underneath.
(facing north)

La jambe droite avance d'un pas en Sanchindachi droit. La main droite ouverte, en Kamae pour Tomoe-uke (moulin à vent), main droite dessous. (regard vers le nord)

一〇八 修交会　Ippyakureihachi

㉝ **挙動** Move/Mouvement

巴受け準備。　　　　　　　　　　　　　目付北。
In right Sanchindachi, block Tomoe-uke.　(facing north)
En Sanchindachi droit, bloquer Tomoe-uke.
　　　　　　　　　　　　　　　(regard ver le nord)

㉞ **挙動** Move/Mouvement

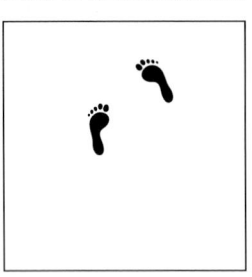

巴受け極め。　　　　　　　　　　　　　目付北。
In right Sanchindachi, the Tomoe-uke final stage.
　　　　　　　　　　　　　　　(facing north)
En Sanchindachi droit, phase finale de Tomoe-uke.
　　　　　　　　　　　　　　　(regard vers le nord)

㉟ **挙動** Move/Mouvement

右裏受け。　　　　　　　　　　　　　　目付北。
In right Sanchindachi, the right hand blocks with Ura-uke.
　　　　　　　　　　　　　　　(facing north)
En Sanchindachi droit. La main droite bloque Ura-uke.
　　　　　　　　　　　　　　　(regard vers le nord)

㊱ **挙動** Move/Mouvement

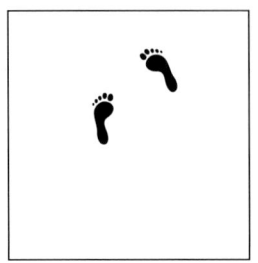

右裏受けから掛け手。　　　　　　　　　目付北。
In right Sanchindachi, the right hand performs Kake-te.
　　　　　　　　　　　　　　　(facing north)
En Sanchindachi droit, la main droite exécute ensuite Kake-te.
　　　　　　　　　　　　　　　(regard vers le nord)

 ㊲

挙動
Move/Mouvement

右掛け手を引き、左貫手。　　　　　　　目付北。

In right Sanchindachi, the right hand (Kake-te) pulls back and the left hand strikes Chudan-nukite.　(facing north)

En Sanchindachi droit, la main droite en Kake-te tire à la hanche et la main gauche frappe Chudan-nukite.　(regard vers le nord)

 ㊳

挙動
Move/Mouvement

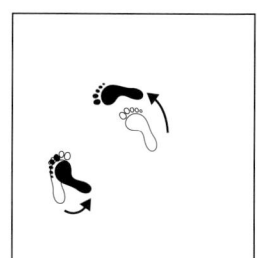

西方向へ振り向き、左三戦立ち、巴受けの構え右掌下。
　　　　　　　　　　　　　　　　　　　目付西。

Turn to the west into left Sanchindachi in Kamae for Tomoe-uke (windmill), right hand underneath.　(facing west)

La jambe gauche en direction de l'ouest, prête pour effectuer une rotation vers l'ouest en Sanchindachi gauche, en Kamae pour Tomoe-uke (moulin à vent), main droite dessous.
　　　　　　　　　　　　　　　　　(regard vers l'ouest)

 ㊴

挙動
Move/Mouvement

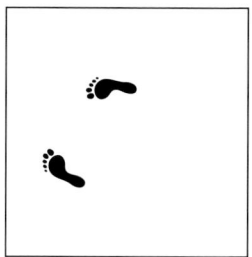

巴受け準備。　　　　　　　　　　　　　目付西。

In left Sanchindachi, block Tomoe-uke.　(facing west)

En Sanchindachi gauche, bloquer Tomoe-uke.
　　　　　　　　　　　　　　　　　(regard vers l'ouest)

 ㊵

挙動
Move/Mouvement

巴受け極め。　　　　　　　　　　　　　目付西。

In left Sanchindachi, the Tomoe-uke final stage. (facing west)

En Sanchindachi gauche, phase finale de Tomoe-uke.
　　　　　　　　　　　　　　　　　(regard vers l'ouest)

一〇八　修交会　Ippyakureihachi

㊶

挙動
Move/Mouvement

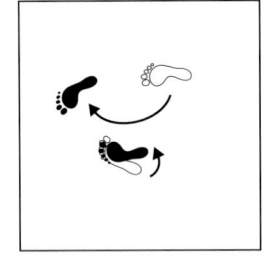

右足一歩前進、右三戦立ち、巴受けの構え右掌下。 目付西。

Right leg steps forward into right Sanchindachi, in Kamae for Tomoe-uke (windmill), right hand underneath. (facing west)

La jambe droite avance d'un pas en Sanchindachi droit. La main droite ouverte, en Kamae pour Tomoe-uke (moulin à vent), main droite dessous. (regard vers l'ouest)

㊷

挙動
Move/Mouvement

巴受け準備。 目付西。

In right Sanchindachi, block Tomoe-uke. (facing west)

En Sanchindachi droit, bloquer Tomoe-uke. (regard vers l'ouest)

㊸

挙動
Move/Mouvement

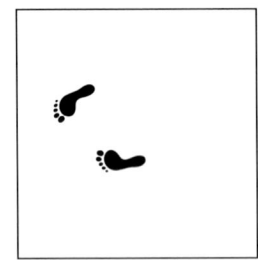

巴受け極め。 目付西。

In right Sanchindachi, the Tomoe-uke final stage. (facing west)

En Sanchindachi droit, phase finale de Tomoe-uke. (regard vers l'ouest)

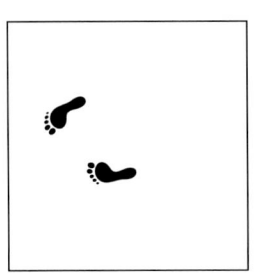

㊹

挙動
Move/Mouvement

右裏受け。 目付西。

In right Sanchindachi, the right hand blocks with Ura-uke. (facing west)

En Sanchindachi droit, la main droite bloque avec Ura-uke. (regard vers l'ouest)

 ㊺

挙動
Move/Mouvement

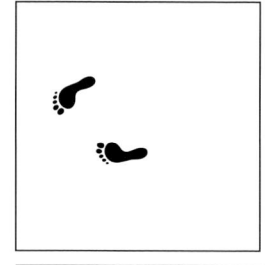

右裏受けから掛け手。　　　　　　　　　　　　目付西。

In right Sanchindachi, the right hand performs Kake-te.
(facing west)

En Sanchindachi droit, la main droite exécute Kake-te.
(regard vers l'ouest)

 ㊻

挙動
Move/Mouvement

右掛け手を引き、左貫手。　　　　　　　　　　目付西。

In right Sanchindachi, the right hand (Kake-te) pulls back to the side and the left hand strikes Chudan-nukite. (facing west)

En Sanchindachi droit, la main droite en Kake-te tire à la hanche et la main gauche frappe Chudan-nukite.
(regard vers l'ouest)

 ㊼

挙動
Move/Mouvement

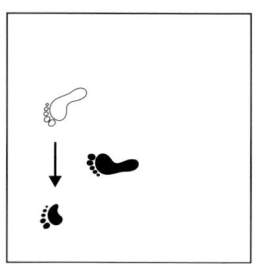

（東に廻る準備）右足移動構え（三戦の廻り方）に左三戦立ちの構え。　　　　　　　　　　　　　　　　目付西。

The right leg steps across to the south in Kosadachi, the left hand prepares to block.　　　　　　　　(facing west)

La jambe droite croise devant la jambe gauche pour se déplacer en Sanchindachi gauche, et la main gauche se prépare à bloquer.
(regard vers l'ouest)

 ㊽

挙動
Move/Mouvement

東方向へ振り向き、左三戦立ち、巴受けの構え左掌下。
目付東。

Turn to the east into left Sanchindachi, in Kamae for Tomoe-uke (windmill), left hand underneath.　　(facing east)

Se tourner vers l'est, en Sanchindachi gauche, en Kamae pour Tomoe-uke (moulin à vent), main gauche dessous.
(regard vers l'est)

 挙動
Move/Mouvement

巴受け準備。 目付東。

In left Sanchindachi, block Tomoe-uke. (facing east)

En Sanchindachi gauche, bloquer Tomoe-uke.
(regard vers l'est)

 挙動
Move/Mouvement

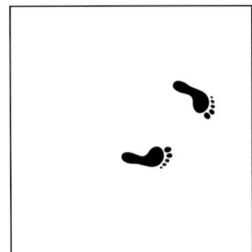

巴受け極め。 目付東。

In left Sanchindachi, the Tomoe-uke final stage. (facing east)

En Sanchindachi gauche, phase finale de Tomoe-uke.
(regard vers l'est)

 挙動
Move/Mouvement

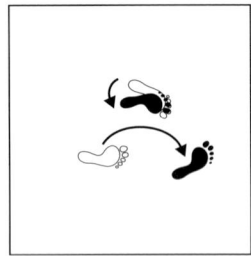

右足一歩前進、右三戦立ち、巴受けの構え右掌下。
目付東。

Step forward into right Sanchindachi, in Kamae for Tomoe-uke (windmill), right hand underneath. (facing east)

La jambe droite avance d'un pas en Sanchindachi droit, en Kamae pour Tomoe-uke. (regard vers l'est)

 挙動
Move/Mouvement

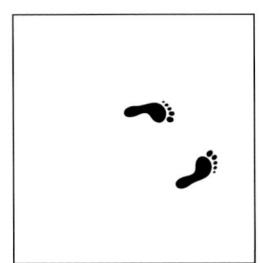

巴受け準備。 目付東。

In right Sanchindachi, block Tomoe-uke. (facing east)

En Sanchindachi droit, bloquer Tomoe-uke. (regard vers l'est)

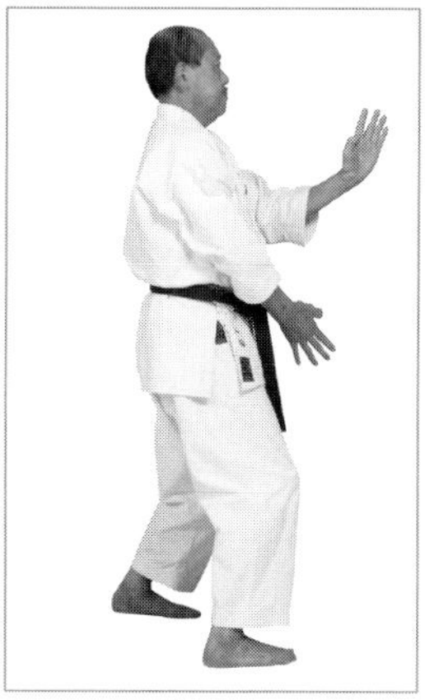

(53)

挙動
Move/Mouvement

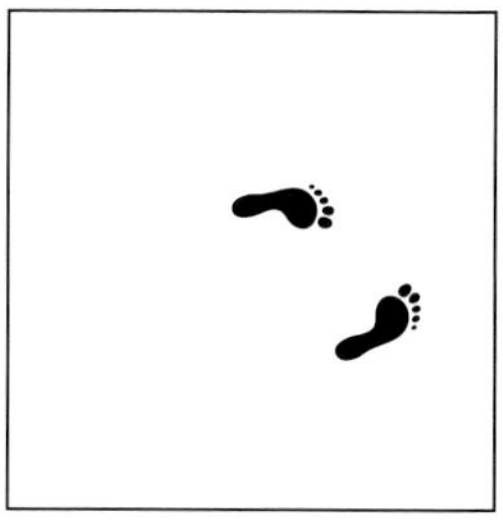

巴受け極め。 目付東。

In right Sanchindachi, the Tomoe-uke final stage.
(facing east)

En Sanchindachi droit, phase finale de Tomoe-uke.
(regard vers l'est)

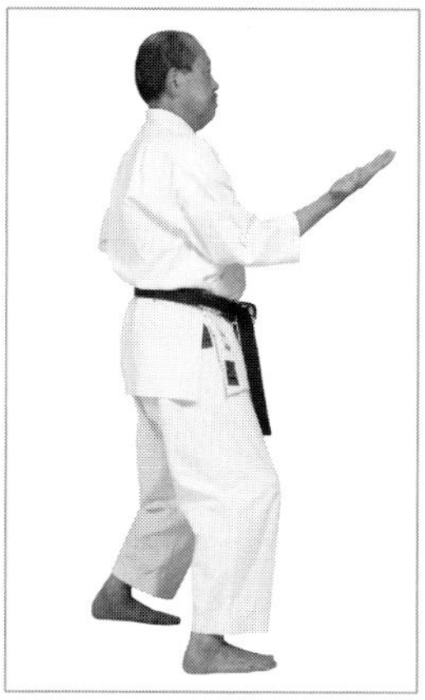

(54)

挙動
Move/Mouvement

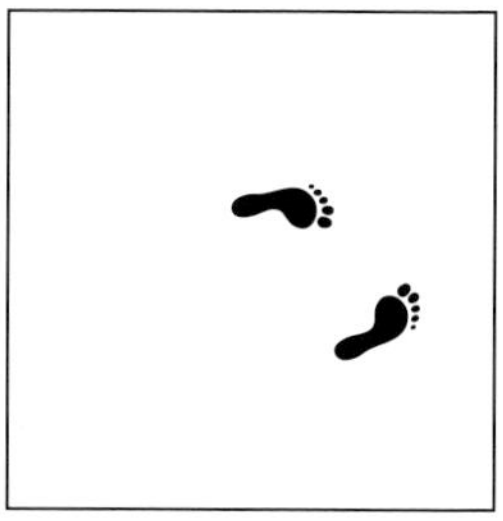

右裏受け。 目付東。

In right Sanchindachi, the right hand blocks with Ura-uke.
(facing east)

En Sanchindachi droit, la main droite bloque avec Ura-uke.
(regard vers l'est)

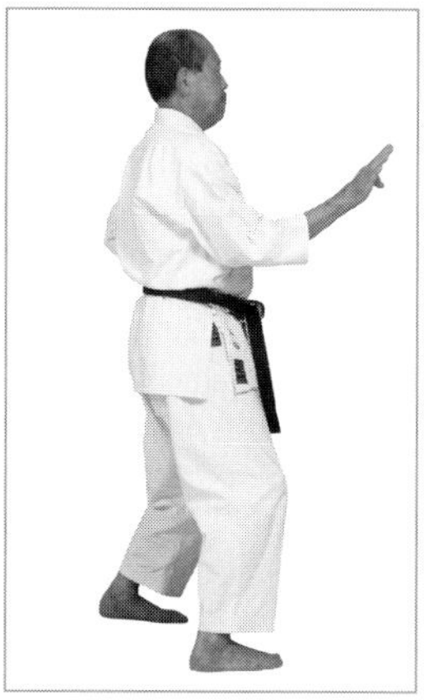

(55)

挙動
Move/Mouvement

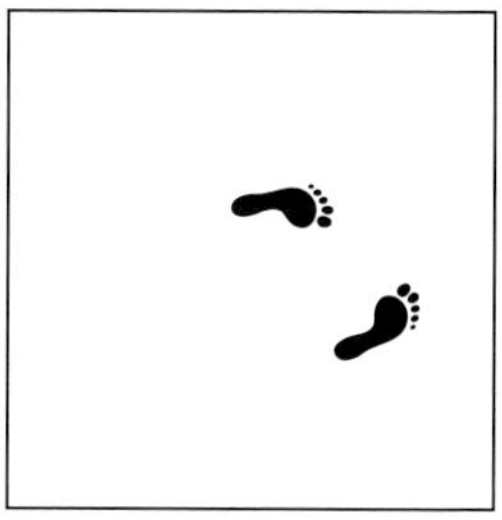

右裏受けから掛け手。 目付東。

In right Sanchindachi, the right hand performs Kake-te.
(facing east)

En Sanchindachi droit, la main droite exécute Kake-te.
(regard vers l'est)

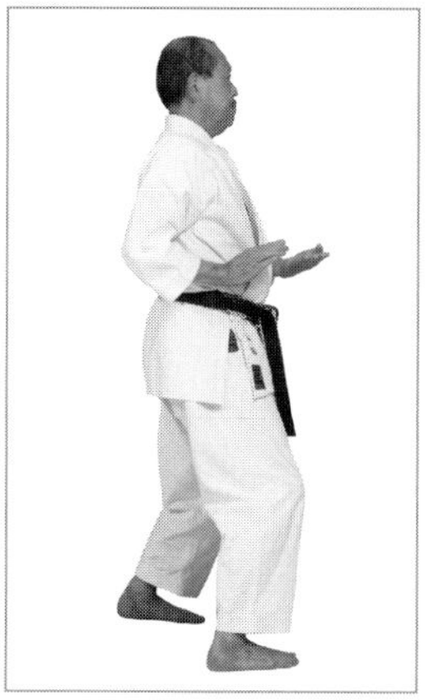

(56)

挙動
Move/Mouvement

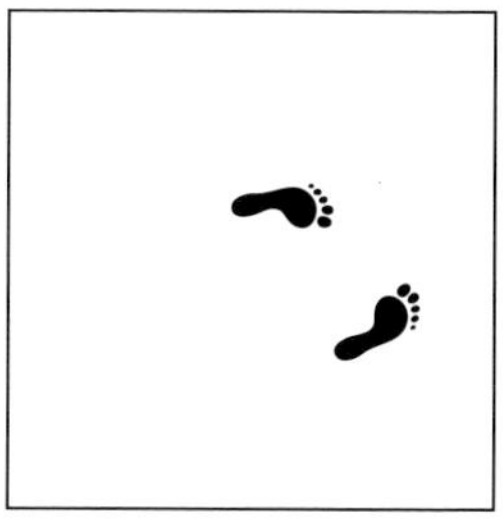

右掛け手を引き、左貫手。 目付東。

In right Sanchindachi, the right hand (Kake-te) pulls back to the side and the left hand strikes Chudan-nukite.(facing east)

En Sanchindachi droit, la main droite (Kake-te) tire à la hanche et la main gauche frappe en Chudan-nukite.(regard vers l'est)

 挙動 Move/Mouvement

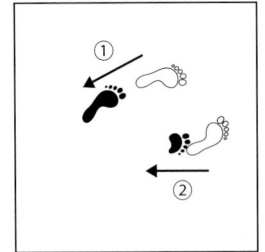

右三戦立ちより左足を後方に引き、右猫足立ちの準備（右中段裏受け、左手甲上水月構え）。　　　　　　　目付東。

From right Sanchindachi, the left leg moves backwards to the west into right Nekoashidachi, the right hand blocks Chudan-ura-uke, the left hand, palm down, takes Kamae in front of the solar plexus.　　　　　　(facing east)

De Sanchindachi droit, la jambe gauche se déplace en Nekoashidachi droit, vers l'arrière en direction de l'ouest, la main droite bloque en Chudan-ura-uke, la main gauche (paume vers le bas) se met en Kamae devant le plexus solaire.
　　　　　　　　　　　　　　　　　(regard vers l'est)

 挙動 Move/Mouvement

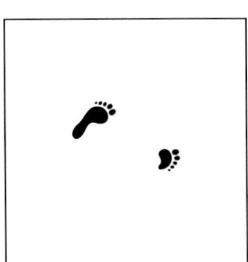

右猫足立ちとなり、左肘の下に右手甲上にそえる。目付東。

In right Nekoashidachi, the right hand is placed under the left elbow, palm down.　　　　　　　　　(facing east)

En Nekoashidachi droit, la main droite est placée sous le coude gauche (paume vers le bas).　(regard vers l'est)

 挙動 Move/Mouvement

右足半歩前進し、左足を移動準備、左水月前、右下段裏受け。　　　　　　　　　　　　　　　　目付東。

From right Nekoashidachi, the right leg moves half a step forward, followed by the left leg, the right hand blocks Gedan-ura-uke with the left hand in front of the solar plexus.
　　　　　　　　　　　　　　　　　　(facing east)

La jambe droite avance d'un demi-pas, suivie par la jambe gauche en Nekoashidachi droit, la main droite bloque en Gedan-ura-uke avec la main gauche devant le plexus solaire.
　　　　　　　　　　　　　　　　　(regard vers l'est)

 挙動 Move/Mouvement

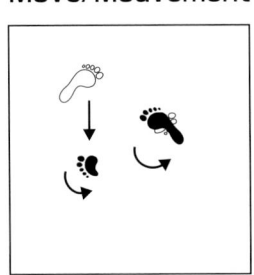

西方向へ振り向き、左猫足立ち。　　　　　目付西。

Turn to the west in left Nekoashidachi.　(facing west)

Tourner en direction de l'ouest en Nekoashidachi gauche.
　　　　　　　　　　　　　　　　　(regard vers l'ouest)

㉖¹ 挙動 Move/Mouvement

左中段裏受け、右水月前、左下段裏受け。　　　目付西。

In left Nekoashidachi, the left hand blocks Chudan-ura-uke. The right hand is placed in front of the solar plexus, the left hand blocks with Gedan-ura-uke. (facing west)

En Nekoashidachi gauche, la main droite est placée devant le plexus solaire, la main gauche bloque avec Gedan-ura-uke.
(regard vers l'ouest)

㉖² 挙動 Move/Mouvement

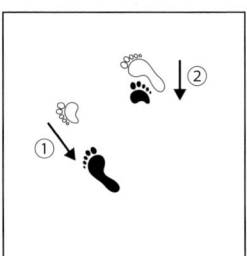

左足を南方向に引き、北方向へ振り向き、右猫足立ち、左水月前、右下段裏受け。　　　目付北。

The left leg moves to the south, turning to the north, in right Nekoashidachi, the left hand in front of the solar plexus, the right hand blocks Gedan-ura-uke. (facing north)

La jambe gauche se déplace en direction du sud, tournant vers le nord en Nekoashidachi droit, la main gauche devant le plexus solaire, la main droite bloque en Gedan-ura-uke.
(regard vers le nord)

㉖³ 挙動 Move/Mouvement

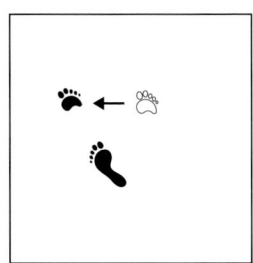

（南に廻る準備）右足移動構え（三戦の廻り方）、左中段受け右上段突きの構え。　　　目付北。

The right foot moves across to the west, ready for turning to the south, to perform in Kamae for a block and a punch. (facing north)

Le pied droit croise devant la jambe gauche en direction de l'ouest. (regard vers le nord)

㉖⁴ 挙動 Move/Mouvement

南方向へ振り向き、左三戦立ち、左中段受け右上段突きの準備に入る。　　　目付南。

Turn to the south, and stand in left Sanchindachi, the left hand prepares to block Chudan-uke, the right hand prepares to punch Jodan-zuki. (facing south)

Tourner vers le sud en Sanchindachi gauche, la main gauche se prépare à bloquer Chudan, la main droite se prépare à frapper Jodan. (regard vers le sud)

一〇八 修交会　Ippyakureihachi

 挙動
Move/Mouvement

左中段受け、右上段突き。　　　　　　　　目付南。

In left Sanchindachi, the left hand blocks Chudan-uke, the right hand punches Jodan-zuki.　(facing south)

En Sanchindachi gauche, la main gauche bloque en Chudan-uke, la main droite frappe en Jodan-zuki.
(regard vers le sud)

 挙動
Move/Mouvement

右足一歩前進、右三戦立ち、右下段押え受け、左中段突き。
目付南。

The right leg steps forward into right Sanchindachi, the right hand blocks Gedan-osae-uke, the left hand punches Chudan-zuki.　(facing south)

La jambe droite avance d'un pas en Sanchindachi droit, la main droite bloque en Gedan-osae-uke, la main gauche frappe en Chudan-zuki.　(regard vers le sud)

 挙動
Move/Mouvement

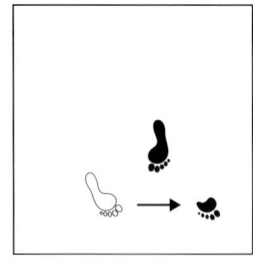

右足を左前に交差。　　　　　　　　　　目付南。

The right leg steps across to the east into Kosadachi.
(facing south)

La jambe droite croise devant la jambe gauche en direction de l'est.　(regard vers le sud)

 挙動
Move/Mouvement

北方向へ振り向き、左三戦立ち、左中段受け、右上段突きの準備に入る。　　　　　　　目付北。

Turn to the north into left Sanchindachi, and the left hand prepares to block Chudan-uke, the right hand prepares to punch Jodan-zuki.　(facing north)

Tourner vers le nord en Sanchindachi gauche, la main gauche se prépare à bloquer Chudan, la main droite se prépare à frapper Jodan.　(regard vers le nord)

 ⑥⑨

挙動
Move/Mouvement

左中段受け、右上段突き。　　　　　　　　　目付北。

In left Sanchindachi, the left hand blocks Chudan-uke, the right hand punches Jodan-zuki.
(facing north)

En Sanchindachi gauche, la main gauche bloque en Chudan-uke, la main droite frappe en Jodan-zuki.
(Regard vers le nord)

 ⑦⓪

挙動
Move/Mouvement

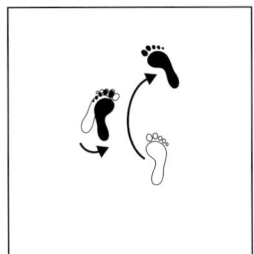

右足一歩前進、右三戦立ち、右下段押え受け、左中段突き。
目付北。

The right leg steps forward into right Sanchindachi, the right hand blocks Gedan-osae-uke, the left hand punches Chudan-zuki.
(facing north)

La jambe droite avance d'un pas en Sanchindachi droit, la main droite bloque en Gedan-osae-uke, la main gauche frappe en Chudan-zuki.
(regard vers le nord)

 ⑦①

挙動
Move/Mouvement

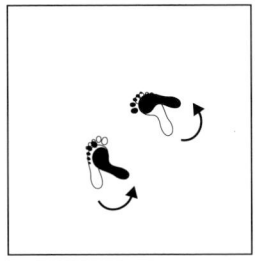

西方向へ振り向き、左三戦立ち、左中段受け、右上段突きの準備に入る。　　　　　　　　目付西。

Turn to the west into left Sanchindachi, the left hand prepares to block Chudan-uke, the right hand prepares to punch Jodan-zuki.
(facing west)

Tourner vers l'ouest en Sanchindachi gauche, la main gauche bloque en Chudan-uke, la main droite frappe en Jodan-zuki.
(regard vers l'ouest)

 ⑦②

挙動
Move/Mouvement

左中段受け、右上段突き。　　　　　　　　　目付西。

In left Sanchindachi, the left hand blocks Chudan-uke, the right hand punches Jodan-zuki.
(facing west)

En Sanchindachi gauche, la main gauche bloque en Chudan-uke, la main droite frappe en Jodan-zuki.(regard vers l'ouest)

⑦③

挙動
Move/Mouvement

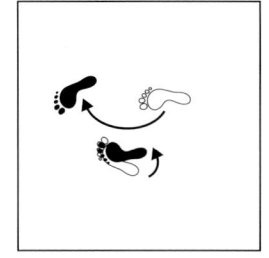

右足一歩前進、右三戦立ち、右下段押え受け、左中段突き。　　　　　　　　　　　　　　　　　目付西。

The right leg steps forward into right Sanchindachi, the right hand blocks Gedan-osae-uke, the left hand punches Chudan-zuki.　　　　　　　　　　　　　　　　(facing west)

La jambe droite avance d'un pas en Sanchindachi droit, la main droite bloque en Gedan-osae-uke, la main gauche frappe en Chudan-zuki.　　　　　　　　　　　(regard vers l'ouest)

⑦④

挙動
Move/Mouvement

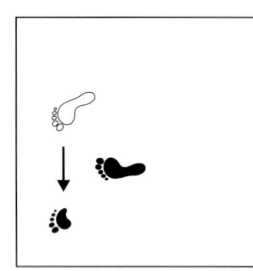

右足を左前に交差。　　　　　　　　　　目付西。

The right leg steps across to the south into Kosadachi.　　　　　　　　　　　　　　　　(facing west)

La jambe droite croise devant la jambe gauche en direction du sud.　　　　　　　　　　　(regard vers l'ouest)

⑦⑤

挙動
Move/Mouvement

東方向へ振り向き、左三戦立ち、左中段受け、右上段突きの準備に入る。　　　　　　　　　　　目付東。

Turn to the east into left Sanchindachi, the left hand prepares to block Chudan-uke, the right hand prepares to punch Jodan-zuki.　　　　　　　　　　　(facing east)

Tourner vers l'est en Sanchindachi gauche, la main gauche se prépare à bloquer Chudan, la main droite se prépare à frapper Jodan.　　　　　　　　　　　(regard vers l'est)

⑦⑥

挙動
Move/Mouvement

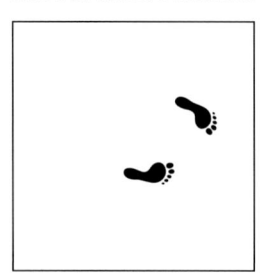

左中段受け、右上段突き。　　　　　　目付東。

In left Sanchindachi, the left hand blocks Chudan-uke, the right hand punches Jodan-zuki.　　(facing east)

En Sanchindachi gauche, la main gauche bloque en Chudan-uke, la main droite frappe Jodan-zuki.　(regard vers l'est)

 ⑦

挙動
Move/Mouvement

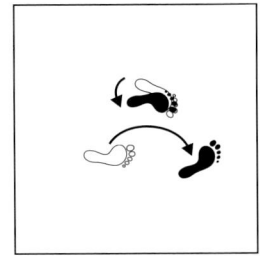

右足一歩前進、右三戦立ち、右下段押え受け、左中段突き。
　　　　　　　　　　　　　　　　　　　　目付東。

The right leg steps forward into right Sanchindachi, the right hand blocks Gedan-osae-uke, the left hand punches Chudan-zuki. (facing east)

La jambe droite avance d'un pas en Sanchindachi droit, la main droite bloque en Gedan-osae-uke, la main gauche frappe Chudan-zuki. (regard vers l'est)

 ⑧

挙動
Move/Mouvement

右足を後方へ移動し、北東方向に四股立ち、左中段裏受け、右甲下水月構え。　　　　　　　　　目付北東。

The right leg slides back into Shikodachi facing north-east, the left hand blocks with Chudan-ura-uke, the right hand is in Kamae in front of the solar plexus. (facing north-east)

La jambe droite glisse vers l'arrière en Shikodachi face au nord-est, la main gauche bloque avec Chudan-ura-uke, la main droite est en Kamae devant le plexus solaire. (regard vers le nord-est)

 ⑨

挙動
Move/Mouvement

左下段押え受け、右中段に構える。　　　目付北東。

In Shikodachi, the left hand blocks with Gedan-osae-uke, the right hand is still in Kamae in the Chudan position. (facing north-east)

En Shikodachi, la main gauche bloque avec Gedan-osae-uke, la main droite est toujours en Kamae dans la position Chudan. (regard vers le nord-est)

 ⑧⓪

挙動
Move/Mouvement

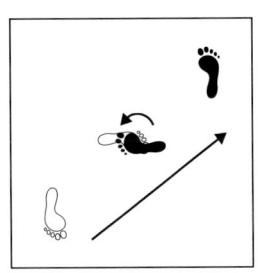

右足前進、四股立ちとなり、右手下段に突き出すと同時に握拳。　　　　　　　　　　　　　　目付北東。

The right leg steps forward into right Shikodachi, the right hand clenches as it turns palm down. (facing north-east)

La jambe droite avance d'un pas en Shikodachi, la main droite serre le poing en tournant paume vers le bas. (regard vers le nord-est)

⑧1
挙動
Move/Mouvement

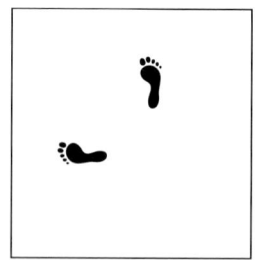

両拳水月前で交差。　　　　　　　　目付北東。

In Shikodachi, the hands clenched in Gedan position pulls back strongly to the solar plexus.　(facing north-east)

En Shikodachi, les deux mains serrent les poings en se croisant devant le plexus solaire.　(regard vers le nord-est)

⑧2
挙動
Move/Mouvement

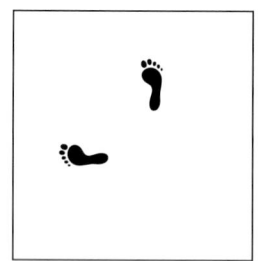

握拳で打つ（下段）。　　　　　　　目付北東。

In Shikodachi, both hands cross and strike Gedan with the fists(Tettsui).　(facing north-east)

En Shikodachi, les deux mains frappent avec les poings (Tettsui)en Gedan.　(regard vers le nord-est)

⑧3
挙動
Move/Mouvement

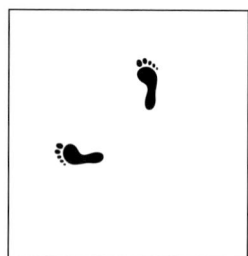

立ち方・立ち位置そのままで南西方向に四股立ち、左中段裏受け、右甲下水月構え。　目付南西。

Turn to the north-west still in Shikodachi, the left hand blocks with Chudan-ura-uke, palm up. The right hand is in Kamae in front of the solar plexus.　(facing south-west)

Tourner vers le sud-ouest, toujours en Shikodachi, la main gauche bloque avec Chudan-ura-uke, la main droite est en Kamae devant le plexus solaire.　(Regard vers le sud-ouest)

⑧4
挙動
Move/Mouvement

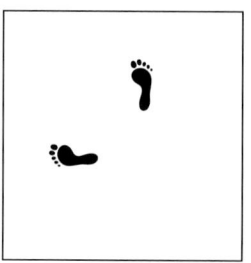

左下段押え受け、右中段に構える。　目付南西。

Still in Shikodachi, the left hand blocks with Gedan-osae-uke, the right hand is still in Kamae in the Chudan position.　(facing south-west)

En Shikodachi, la main gauche bloque avec Gedan-osae-uke. La main droite est toujours en Kamae dans la position Chudan.　(regard vers le sud-ouest)

 挙動 Move/Mouvement

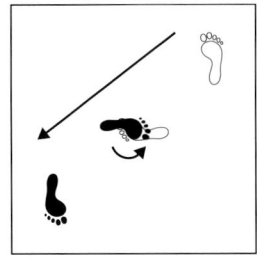

南西に右足移動、四股立ちとなり、右手下段に突き出すと同時に握拳。　　目付南西。

The right leg steps to the south-west into Shikodachi, the right fist clenches as it strikes Gedan.
(facing south-west)

La jambe droite avance d'un pas en Shikodachi, la main droite serre le poing en tournant paume vers le bas.
(regard vers le sud-ouest)

 挙動 Move/Mouvement

両拳水月前で交差。　　目付南西。

In Shikodachi, both hands clench as they cross in front of the solar plexus.　(facing south-west)

En Shikodachi, les deux mains serrent les poings en se croisant devant le plexus solaire.
(regard vers le sud-ouest)

 挙動 Move/Mouvement

握拳で打つ（下段）。　　目付南西。

Still in Shikodachi, both hands cross and strike with the fists (Tettsui).　(facing south-west)

Toujours en Shikodachi, les deux mains frappent avec les poings(Tettsui)en Gedan.　(regard vers le sud-ouest)

 挙動 Move/Mouvement

北西に右足移動、四股立ちとなり、左中段裏受け、右甲下水月構え。　　目付南東。

The right leg steps to the north-west and turns into Shikodachi facing the south-east, the left hand blocks Chudan-ura-uke, the right hand palm up in front of the solar plexus.　(facing south-east)

La jambe droite avance en direction du nord-ouest et tourne en Shikodachi face au sud-est, la main gauche bloque avec Chudan-ura-uke, la main droite est en Kamae devant le plexus solaire. (regard vers le sud-est)

 挙動 Move/Mouvement

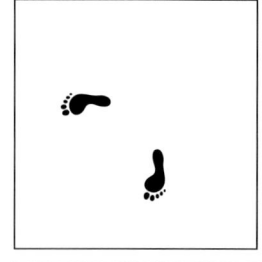

左下段押え受け、右中段に構える。　　　目付南東。

Still in Shikodachi, the left hand blocks with Gedan-osae-uke, the right hand palm up is in front of the solar plexus.
(facing south-east)

Toujours en Shikodachi, la main gauche bloque avec Gedan-osae-uke. La main droite est toujours en Kamae dans la position Chudan. (regard vers le sud-est)

 挙動 Move/Mouvement

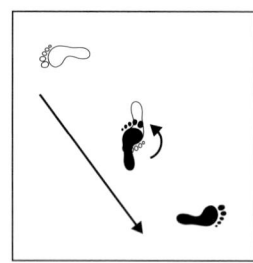

南東に右足移動、四股立ちとなり、右手下段に突き出すと同時に握拳。　　　目付南東。

The right leg steps to the south-east into Shikodachi, the right fist clenches as it strikes Gedan. (facing south-east)

La jambe droite avance en direction du sud-est en Shikodachi, la main droite serre le poing en tournant paume vers le bas.
(regard vers le sud-est)

 挙動 Move/Mouvement

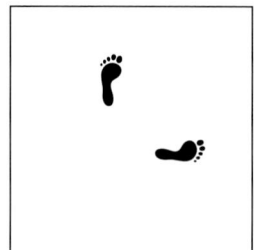

両拳水月前で交差。　　　目付南東。

In Shikodachi, both hands cross in front of the solar plexus.
(facing south-east)

En Shikodachi, les deux mains se croisent devant le plexus solaire. (regard vers le sud-est)

北側から見る
View from the north
Vue du nord

 挙動 Move/Mouvement

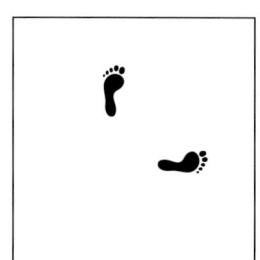

握拳で打つ（下段）。　　　目付南東。

In Shikodachi, both hands cross and strike Gedan with the fists(Tettsui). (facing south-east)

En Shikodachi, les deux mains frappent avec les poings(Tettsui) en Gedan. (regard vers le sud-est)

挙動
Move/Mouvement

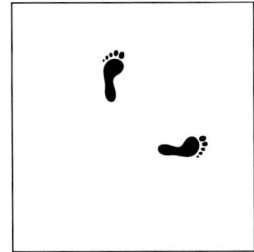

立ち方・立ち位置そのままで北西方向に四股立ち、左中段裏受け、右甲下水月構え。　　　　　目付北西。

Turn to the north-west still in Shikodachi, the left hand blocks with Chudan-ura-uke, the right hand palm up is placed in front of the solar plexus. (facing north-west)

Tourner vers le nord-ouest toujours en Shikodachi, la main gauche bloque avec Chudan-ura-uke, la main droite est en Kamae devant le plexus solaire. (regard vers le nord-ouest)

挙動
Move/Mouvement

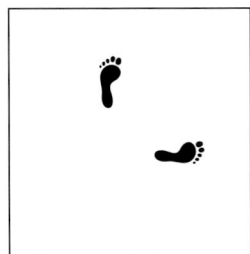

左下段押え受け、右中段に構える。　　　　　目付北西。

Still in Shikodachi, the left hand blocks with Gedan-osae-uke, the right hand palm up is in front of the solar plexus. (facing north-west)

Toujours en Shikodachi, la main gauche bloque avec Gedan-osae-uke. La main droite est toujours en Kamae dans la position Chudan. (regard vers le nord-ouest)

挙動
Move/Mouvement

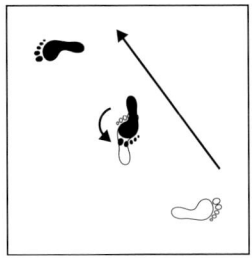

北西に右足移動、四股立ちとなり、左手下段に突き出すと同時に握拳。　　　　　目付北西。

The right leg steps to the north-west into Shikodachi, the right fist clenches as it strikes Gedan. (facing north-west)

La jambe droite avance en direction du nord-ouest en Shikodachi, la main droite serre le poing en tournant paume vers le bas. (regard vers le nord-ouest)

挙動
Move/Mouvement

両拳水月前で交差。　　　　　目付北西。

In Shikodachi, both hands clench as they cross in front of the solar plexus. (facing north-west)

En Shikodachi, les deux mains serrent les poings en se croisant devant le plexus solaire. (regard vers le nord-ouest)

 ⑨⑦

挙動
Move/Mouvement

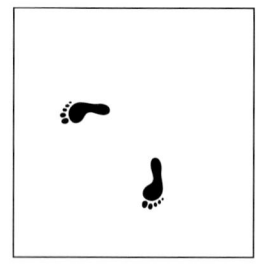

握拳で打つ（下段）。　　　　　　　　　目付北西。

In Shikodachi, both hands cross and strike Gedan with the fists (Tettsui).　　　　　　　　　(facing north-west)

En Shikodachi, les deux mains frappent avec les poings (Tettsui) en Gedan.　　　　　　　　(regard vers le nord-ouest)

 ⑨⑧

挙動
Move/Mouvement

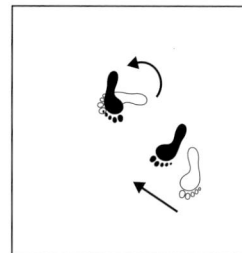

南に向かって左足を引き、左三戦立ち、左下段押さえ受け、右手腰に引く。　　　　　　　　　目付南。

Turn to the south and pull the left leg back into left Sanchindachi, the left hand blocks Gedan-osae-uke, the right hand pulls back to the side.　　　　　　　　　(facing south)

Tourner vers le sud et tirer la jambe gauche en arrière en Sanchindachi gauche, la main gauche bloque Gedan-osae-uke, la main droite tire à la hanche.　　　　(regard vers le sud)

 ⑨⑨

挙動
Move/Mouvement

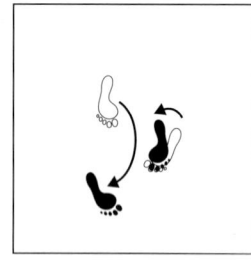

右足一歩前進、右三戦立ち、右中段掛け手、左水月前に置く。　　　　　　　　　　　　　　　目付南。

The right leg steps forward into right Sanchindachi, the right hand blocks with Chudan-kake-te, the left hand placed in front of the solar plexus.　　　　　　　(facing south)

La jambe droite avance d'un pas en Sanchindachi droit, avec la main droite en Chudan-kake-te et la main gauche placée devant le plexus solaire.　　　　　(regard vers le sud)

 ⑩⓪

挙動
Move/Mouvement

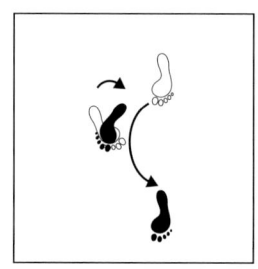

左足一歩前進、左前屈立ち、左掌底を突き出し、右手右大腿部後方に押さえ受け。　　　　　　目付南。

The left leg steps forward into left Zenkutsudachi, with left palm-heel strike and the right hand blocks Osae-uke behind the thigh.　　　　　　　　　(facing south)

La jambe gauche avance d'un pas en Zenkutsudachi gauche, la paume de la main gauche(Shoutei) frappe devant et la main droite bloque Osae-uke derrière la cuisse.

(regard vers le sud)

 挙動 Move/Mouvement

右足中段蹴り。　　　　　　　　　　　　　　目付南。

The right leg kicks Chudan-geri. (facing south)

La jambe droite donne un coup de pied en Chudan-geri.
(regard vers le sud)

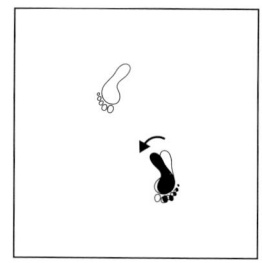

 挙動 Move/Mouvement

蹴った右足を前に下ろし、右四股立ちとなり、右肘当て（左掌に当てる）。　　　　　　　　　　　　　　目付南。

The right leg lands forward into Shikodachi, the right elbow strikes (Hijiate) into the left open hand. (facing south)

La jambe droite se pose devant en Shikodachi droit, le coude droit frappe (Hijiate) dans la main gauche ouverte.
(regard vers le sud)

 挙動 Move/Mouvement

右裏拳打ち。　　　　　　　　　　　　　　目付南。

Still in Shikodachi, the right hand strikes Ura-ken. (facing south)

Toujours en Shikodachi, la main droite frappe Ura-ken.
(regard vers le sud)

 挙動 Move/Mouvement

左掌底を前に出し、右手握り腰に引く。　　　目付南。

In Shikodachi, the left palm-heel pushes forward as the right fist pulls back to the side. (facing south)

Toujours en Shikodachi, la paume de la main (Shoutei) gauche pousse devant alors que le poing droit tire jusqu'à la hanche.
(regard vers le sud)

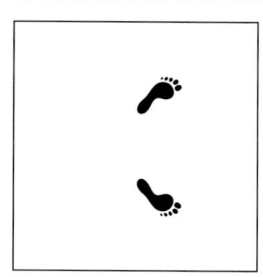

挙動
Move/Mouvement

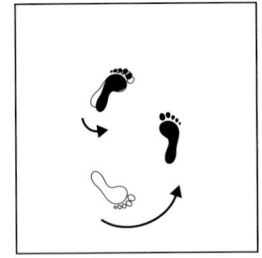

左足、右足と北方向へ移動、左三戦立ち、左掌底を前に突き出し右後方掌底打ち。　　　　　　　　　　　目付北。

Slide with the left leg, then the right leg to the north into left Sanchindachi, the left palm-heel strikes forward, the right palm-heel strikes behind. (facing north)

La jambe gauche, puis la jambe droite, effectue une rotation au niveau des pieds en direction du nord pour finir en Sanchindachi gauche. La paume de la main (Shotei) gauche frappe devant, la paume de la main droite frappe derrière la cuisse en bas. (regard vers le sud)

挙動
Move/Mouvement

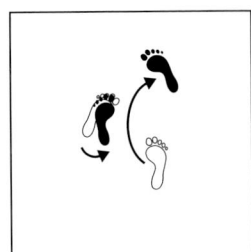

右足一歩前進、右三戦立ち、右中段繰り受け、左手左腰に構える。　　　　　　　　　　　　　　　　目付北。

The right leg steps forward into right Sanchindachi, the right Chudan-kuri-uke blocks forward, the left palm-heel pulls back to the side in Kamae. (facing north)

La jambe droite avance d'un pas en Sanchindachi droit, la paume de la main droite effectue devant en Chudan-kuri-uke, la paume de la main (Shotei) gauche tire jusqu'à la hanche en Kamae. (regard vers le nord)

挙動
Move/Mouvement

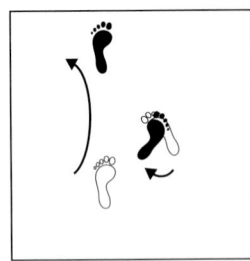

左足一歩前進、左三戦立ち。左中段繰り受け、右手右腰に構える。　　　　　　　　　　　　　　　　目付北。

The left leg steps forward into left Sanchindachi, the left Chudan-kuri-uke blocks forward, the right hand pulls back to the side. (facing north)

La jambe gauche avance d'un pas en Sanchindachi gauche, la paume de la main gauche effectue devant en Chudan-kuri-uke, la paume de la main (Shotei) droite tire jusqu'à la hanche. (regard vers le nord)

挙動
Move/Mouvement

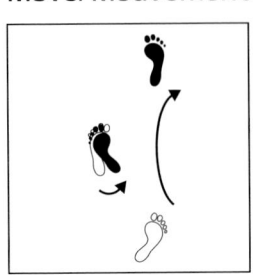

右足一歩前進、右三戦立ち。右中段繰り受け、左手左腰に構える。　　　　　　　　　　　　　　　　目付北。

The right leg steps forward into right Sanchindachi, the right Chudan-kuri-uke blocks forward, the left hand pulls back to the side. (facing north)

La jambe droite avance d'un pas en Sanchindachi droit, la paume de la main droite effectue devant en Chudan-kuri-uke, la paume de la main (Shotei) gauche tire jusqu'à la hanche. (regard vers le nord)

⑨ 挙動
Move/Mouvement

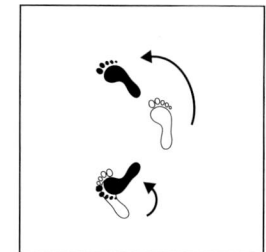

西に右足移動、四股立ちとなり、左中段裏受け、右甲下水月前に置く。　　　　　　　　　　　　目付南。

The right leg slides to the west, turning into Shikodachi, the left hand blocks Chudan-ura-uke, the right hand is placed in front of the solar plexus.　　　　(facing south)

La jambe droite effectue une rotation vers l'ouest, tournant en Shikodachi, la main gauche bloque Chudan-ura-uke, la main droite est placée devant le plexus solaire.
　　　　　　　　　　　　　　　　(regard vers le sud)

⑩ 挙動
Move/Mouvement

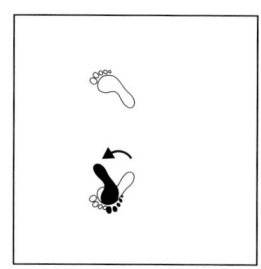

左掌底を右足で払う。　　　　　　　　　　　目付南。

The right leg sweeps (Namigaeshi) into the left open palm. And turn to left 360°.　　　　(facing south)

La jambe droite (Namigaeshi) frappe en balayant jusque dans la paume de la main gauche. Pour tourner 360°.
　　　　　　　　　　　　　　　　(regard vers le sud)

⑪ 挙動
Move/Mouvement

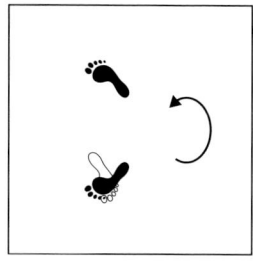

左廻りでもとの位置に戻り、四股立ちとなり、左掛け受け、右手水月構え。　　　　　　　　　　　目付南。

The right leg steps behind into Shikodachi, with left hand Kake-uke and the right hand in Kamae in front of the solar plexus.　　　　(facing south)

La jambe droite se pose derrière en Shikodachi, avec la main gauche en Kake-uke et la main droite en Kamae devant le plexus solaire.　　　　(regard vers le sud)

⑫ 挙動
Move/Mouvement

北に左足移動、左レの字立ちとなり、両拳握り腰に置く。二段蹴り入る構え。　　　　　　　　　　　目付南。

The left leg pulls back into Re-no-ji-dachi, both fists pull back to the sides, in Kamae for Nidan-geri.　(facing south)

La jambe gauche se retire vers l'arrière en Re-no-ji-dachi gauche, les deux poings tirent jusqu'aux hanches, en Kamae pour Nidan-geri.　　　　(regard vers le sud)

一〇八 修交会　Ippyakureihachi

⑬ **挙動** Move/Mouvement

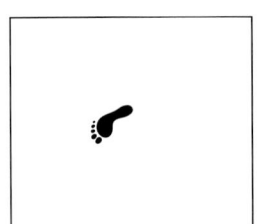

左蹴り（二段蹴りの初め）。　　　　　　　　目付南。

The left leg kicks (The first part of Nidan-geri).　(facing south)

La jambe gauche frappe, en Mae-geri (première partie de Nidan-geri).　(regard vers le sud)

⑭ **挙動** Move/Mouvement

左蹴りを下ろす前に右足蹴りをする。　　　　目付南。

Before dropping the left foot, the right leg kicks.　(facing south)

Avant de redescendre le pied gauche, la jambe droite frappe en Mae-geri.　(regard vers le sud)

---

⑮ **挙動** Move/Mouvement

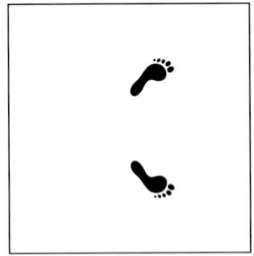

右蹴り後、右足を前へ下ろし四股立ちとなり、右肘当て（左掌に当てる）。　　　　　　　　　　　　　目付南。

The right leg then steps forward into Shikodachi, the right elbow strikes (Hijiate) into the left palm.　(facing south)

Puis la jambe droite se pose un pas devant en Shikodachi, le coude droit frappe (Hijiate) dans la paume de la main gauche.　(regard vers le sud)

⑯ **挙動** Move/Mouvement

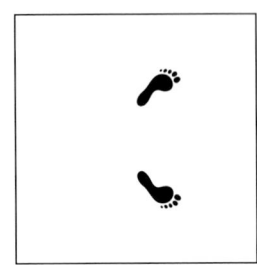

右裏拳打ち、左手は腰に引く。　　　　　　　目付南。

Still in Shikodachi, the right hand strikes Ura-ken, the left hand pulls back to the side.　(facing south)

Toujours en Shikodachi, la main droite frappe en Ura-ken, la main gauche tire jusqu'à la hanche.　(regard vers le sud)

⑰ 挙動 Move/Mouvement

右打ちの手を右腰に引き、左鉤突き。　　　　目付南。

In Shikodachi, the right hand now pulls back to the side, the left hand strikes Kagi-zuki. (facing south)

En Shikodachi, la main droite tire maintenant jusqu'à la hanche, la main gauche frappe Kagi-zuki. (regard vers le sud)

⑱ 挙動 Move/Mouvement

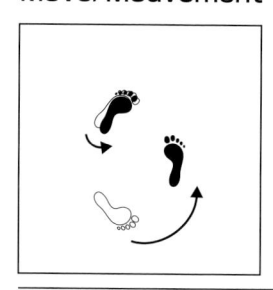

右足、左足を北方向に移動、左三戦立ち、左掛け受け、右手腰前に構える。　　　　目付北。

The right leg then left leg slide to the north into left Sanchindachi, the left Kake-uke, the right hand in front of the side in Kamae. (facing north)

La jambe droite puis la gauche effectue une rotation glissée vers le nord en Sanchindachi gauche, la main gauche devant en Kake-uke, la main droite à la hanche en Kamae. (regard vers le nord)

北側から見る
View from the north
Vue du nord

⑲ 挙動 Move/Mouvement

左足一歩前進、左前屈立ち、右貫手（甲上）左開掌を右肘上、小手水平。　　　　目付北。

The left leg slides forward into left Zenkutsudachi, the right arm strikes Nukite under the level of the left arm in Kamae. (facing north)

La jambe gauche glisse devant en Zenkutsudachi gauche, le bras droit frappe Nukite sous le bras gauche en Kamae horizontalement. (regard vers le nord)

北側から見る
View from the north
Vue du nord

⑳ 挙動 Move/Mouvement

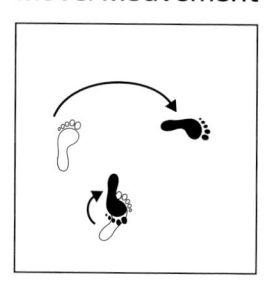

左足を東方向に移動、右四股立ちとなり（体眼南）、両手水月前交差。　　　　目付南。

The left leg steps across to the east and turn into Shikodachi facing south, both hands cross in front of the solar plexus. (facing south)

La jambe gauche se déplace en direction de l'est puis tourner en Shikodachi face au sud, diagonalement. Les deux mains sont croisées devant le plexus solaire. (regard vers le sud)

一〇八　修交会　Ippyakureihachi　37

⑫

挙動
Move/Mouvement

狐拳受けを行う（右上段、左中段）。　　　　　　目付南。

In Shikodachi, both hands block with Koken-uke (right hand is above of the left hand). (facing south)

En Shikodachi, les deux mains bloquent avec Koken-uke (la main droite devant l'épaule, la main gauche devant le plexus solaire). (regard vers le sud)

⑫

挙動
Move/Mouvement

両手を開き、手刀受けで構える。　　　　　　　目付南。

In Shikodachi, both hands open in Shuto-uke-kamae. (facing south)

En Shikodachi, les deux mains s'ouvrent en Shuto-uke-kamae. (regard vers le sud)

⑬

挙動
Move/Mouvement

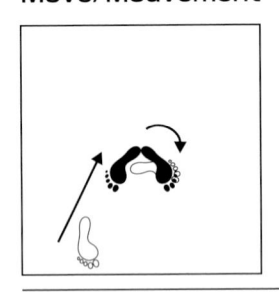

右足を引き、結び立ちとなる、両手を金的前に重ねて置く。目付南。

Return to Musubidachi, both hands put together left on top in front of the Kinteki. (facing south)

Retour en Musubidachi, les mains l'une (gauche) sur l'autre (droite) devant le Kinteki. (regard vers le sud)

⑭

直立
Stand/Debout

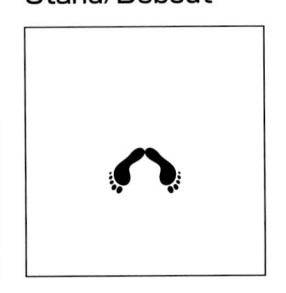

両手を開き、両大腿部横に置いて終わる。　　　目付南。

In Musubidachi, both hands open and placed to the side of the thighs. (facing south)

Toujours en Musubidachi, les deux mains s'ouvrent et se placent sur le côté des cuisses. (regard vers le sud)

スーパーリンペイ 剛柔流
Super Rinpei

① 直立 Stand/Debout

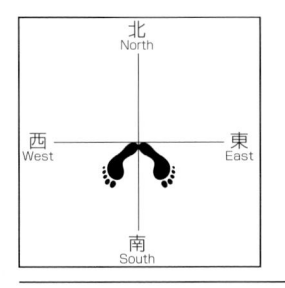

結び立ちとなり、両手は大腿部外側につけて、それぞれ伸ばす。　　　　　　　　　　　　　　　　　　　目付南。

Stand in Musubidachi, both hands extended to the side of the thighs.　(facing south)

Se mettre en Musubidachi, les deux bras étendus et les deux mains sur le côté des cuisses.　(regard vers le sud)

② 用意 Ready/Prêt

平行立ちとなり、両掌を金的前に（左掌上）甲側前で構える。　　　　　　　　　　　　　　　　　　　　目付南。

Stand in Heikodachi with hands open in front of the Kinteki, palms down, left hand on top.　(facing south)

En Heikodachi avec les mains ouvertes, l'une(gauche)sur l'autre (droite) devant le Kinteki.　(regard vers le sud)

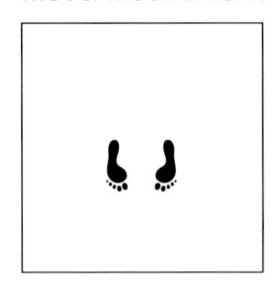

③ 挙動 Move/Mouvement

両掌を握りながら、大腿部外側に甲を外向きに構える。　　　　　　　　　　　　　　　　　　　　　　目付南。

In Heikodachi, as both hands clench, assume a Kamae with arms to the side of the thighs, backs of the hands outwards.　(facing south)

En Heikodachi, les poings se serrent, se mettre en Kamae avec les bras le long des cuisses, dos des mains vers l'extérieur.　(regard vers le sud)

④ 挙動 Move/Mouvement

右足を前に進め、右三戦立ちとなり、両腕を交差させ三戦の構え（右腕外）。　　　　　　　　　　　　　目付南。

The right leg steps forward into right Sanchindachi, both arms cross and assume Sanchin-kamae (Right arm exterior).　(facing south)

La jambe droite avance d'un pas en Sanchindachi droit, les deux bras se croisent (bras droit à l'extérieur) en Sanchin-kamae.　(regard vers le sud)

⑤ 挙動 / Move/Mouvement

左拳を脇に引く（甲下）。　　　　　　　　　　　目付南。

In right Sanchindachi, the left fist pulls back to the armpit (palm up).　　　　　　　　　　　(facing south)

En Sanchindachi droit, le poing gauche tire à l'aisselle gauche (paume vers le haut).　　　　　　(regard vers le sud sud)

⑥ 挙動 / Move/Mouvement

左拳中段突き。　　　　　　　　　　　　　　　目付南。

In right Sanchindachi, the left fist punches Chudan-zuki.　　　　　　　　　　　　　(facing south)

En Sanchindachi droit, le poing gauche frappe Chudan-zuki.　　　　　　　　　(regard vers le sud)

⑦ 挙動 / Move/Mouvement

右三戦の構えに戻す。　　　　　　　　　　　　目付南。

Return to right Sanchindachi-kamae.　　　(facing south)

En Sanchindachi droit, le bras gauche bloque en Chudan-uke, reste en Sanchin-kamae.　　　　　(regard vers le sud)

⑧ 挙動 / Move/Mouvement

左足を前に進め、左三戦立ち。　　　　　　　　目付南。

The left leg steps forward into left Sanchindachi.　　　　　　　　　　　　　(facing south)

La jambe gauche avance d'un pas en Sanchindachi gauche.　　　　　　　(regard vers le sud)

スーパーリンペイ 剛柔流　Super Rinpei

⑨ 挙動 Move/Mouvement

右拳を脇に引く（甲下）。　　　　　　　　　　目付南。

In left Sanchindachi, the right fist pulls back to the armpit (palm up).　　　　　　　　　　(facing south)

En Sanchindachi gauche, le poing droit tire à l'aisselle droite (paume vers le haut).　　　　　　(regard vers le sud)

⑩ 挙動 Move/Mouvement

右拳中段突き。　　　　　　　　　　　　　　目付南。

In left Sanchindachi, the right fist punches Chudan-zuki.　　　　　　　　　　　　　(facing south)

En Sanchindachi gauche, le poing droit frappe Chudan-zuki.　　　　　　　　　　　(regard vers le sud)

⑪ 挙動 Move/Mouvement

左三戦の構えに戻す。　　　　　　　　　　　目付南。

Return to left Sanchindachi-kamae.　　　(facing south)

En Sanchindachi gauche, le bras droit bloque en Chudan-uke, reste en Sanchin-kamae.　　　　(regard vers le sud)

⑫ 挙動 Move/Mouvement

右足を前に進め、右三戦立ち。　　　　　　　目付南。

The right leg steps forward into right Sanchindachi.　　　　　　　　　　　　　　(facing south)

La jambe droite avance d'un pas en Sanchindachi droit.　　　　　　　　　　　　(regard vers le sud)

⑬ 挙動 Move/Mouvement

左拳を脇に引く（甲下）。　　　　　　　　　目付南。

In right Sanchindachi, the left fist pulls back to the armpit.
(facing south)

En Sanchindachi droit, le poing gauche tire à l'aisselle gauche.
(regard vers le sud)

⑭ 挙動 Move/Mouvement

左拳中段突き。　　　　　　　　　　　　　　目付南。

In right Sanchindachi, the left fist punches Chudan-zuki.
(facing south)

En Sanchindachi droit, le poing gauche frappe Chudan-zuki.
(regard vers le sud)

⑮ 挙動 Move/Mouvement

両拳を開掌にしながら腰を少し落とし、水月前に引き寄せる（左右の甲を合せる）。　　　目付南。

In right Sanchindachi, drop the hips slightly as both hands open and come together in front of the chest (backs of the hands touching).
(facing south)

En Sanchindachi droit, abaisser légèrement les hanches en ouvrant les mains et en les joignant devant le buste (le dos des mains se touchant).
(regard vers le sud)

⑯ 挙動 Move/Mouvement

腰を伸ばしながら、両開掌を横に広げる（広げた両掌底は体側よりやや前で肩よりやや高め）。　目付南。

In right Sanchindachi as the back straightens, both open hands extend sideways(The both palm heels are slightly forward of the body and slightly higher than the shoulders).
(facing south)

En Sanchindachi droit, les deux mains ouvertes s'étendent de chaque côté(paumes des mains sont légèrement en avant par rapport au corps et légèrement plus haut que le niveau des épaules).
(regard vers le sud)

スーパーリンペイ 剛柔流　Super Rinpei

⑰

挙動
Move/Mouvement

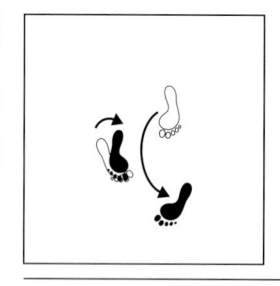

左足を前に進め、左回し受けをしながら左三戦立ち。
　　　　　　　　　　　　　　　　　　目付南。

The left leg steps forward into left Sanchindachi while blocking left Mawashi-uke. (facing south)

La jambe gauche avance d'un pas en Sanchindachi gauche tout en bloquant en Mawashi-uke gauche. (regard vers le sud)

⑱

挙動
Move/Mouvement

両掌脇に引く。　　　　　　　　　　目付南。

In left Sanchindachi, both open hands pull back to the armpits. (facing south)

En Sachindachi gauche, les deux mains tirent aux aisselles.
　　　　　　　　　　　　　　(regard vers le sud)

⑲

挙動
Move/Mouvement

両掌底当て（右掌上）。　　　　　　目付南。

In left Sanchindachi, double palm-heels strike(right hand up). (facing south)

En Sanchindachi gauche, double frappe des paumes des mains(Shoutei/ main droite en haut). (regard vers le sud)

⑳

挙動
Move/Mouvement

右足を前に進め、右回し受けをしながら右三戦立ち。
　　　　　　　　　　　　　　　　　　目付南。

Step forward into right Sanchindachi while blocking right Mawashi-uke. (facing south)

La jambe droite avance d'un pas en Sanchindachi droit tout en bloquant en Mawashi-uke droit. (regard vers le sud)

㉑ 挙動
Move/Mouvement

両掌脇に引く。　　　　　　　　　　　　　　目付南。

In right Sanchindachi, both open hands pull back to the armpits. (facing south)

En Sanchindachi droit, les deux mains tirent aux aisselles. (regard vers le sud)

㉒ 挙動
Move/Mouvement

両掌底当て（左掌上）。　　　　　　　　　　目付南。

In right Sanchindachi, double palm-heels strike (left hand up). (facing south)

En Sanchindachi droit, double frappe des paumes des mains (Shoutei/ main gauche en haut). (regard vers le sud)

㉓ 挙動
Move/Mouvement

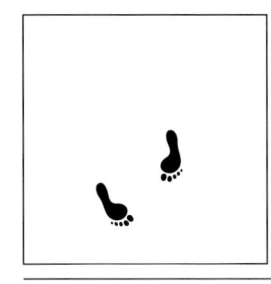

右掌掬い裏掛け受け、左掌脇に引く（甲下）。　目付南。

In right Sanchindachi, the right hand blocks Sukui-ura-kake-uke, the left open hand pulls back to the armpit(palm up). (facing south)

En Sanchindachi droit, la main droite bloque en Sukui-ura-kake-uke, la main gauche ouverte tire à l'aisselle gauche (paume vers le haut). (regard vers le sud)

㉔ 挙動
Move/Mouvement

右掌を返し、掛け受け。　　　　　　　　　　目付南。

In right Sanchindachi, the right open hand reverses, blocking Kake-uke. (facing south)

En Sanchindachi droit, la main droite ouverte pivote, bloquant en Kake-uke. (regard vers le sud)

スーパーリンペイ 剛柔流　Super Rinpei

㉕

挙動
Move/Mouvement

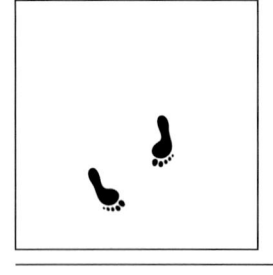

右掛け受けを脇に引きながら、左貫手。　　　目付南。

In right Sanchindachi, while pulling the right Kake-uke back to the armpit, the left strikes Chudan-nukite.　(facing south)

En Sanchindachi droit, tout en tirant le Kake-uke droit à l'aisselle droite, la main gauche frappe en Chudan-nukite.
(regard vers le sud)

㉖

挙動
Move/Mouvement

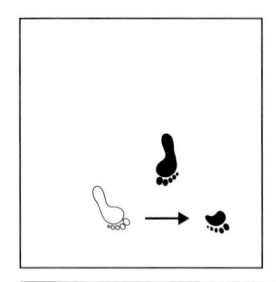

右足を東に移す。　　　目付南。

The left foot moves to the east.　(facing south)

La jambe droite croise devant la jambe gauche vers l'est.
(regard vers le sud)

㉗

挙動
Move/Mouvement

180°回転し、北を向き左三戦立ち、左回し受け。回転のときの回し受けは粘り強く（ムチミ）行う。　目付北。

Turn 180°, facing north in left Sanchindachi, blocking left Mawashi-uke. The Mawashi-uke is performed fluidly with strong tension (whip-like).　(facing north)

Faire un demi-tour à 180°, face au nord en Sanchindachi gauche, bloquer en Mawashi-uke gauche. Le Mawashi-uke est exécuté en fluidité avec tension (comme un fouet).　(regard vers le nord)

㉘

挙動
Move/Mouvement

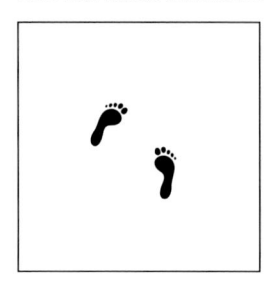

両掌脇に引く。　　　目付北。

In left Sanchindachi, both open hands pull back to the armpits.　(facing north)

En Sanchindachi gauche, les deux mains tirent aux aisselles.
(regard vers le nord)

㉙ 挙動
Move/Mouvement

両掌底当て（右掌上）。　　　　　　　目付北。

In left Sanchindachi, double palm-heels strike(right hand up). (facing north)

En Sanchindachi gauche, double frappe des paumes des mains (Shoutei/ main droite en haut). (regard vers le nord)

㉚ 挙動
Move/Mouvement

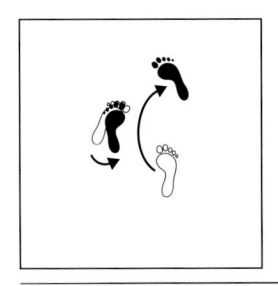

右足を前に進め、右三戦立ち、右回し受け。　目付北。

The right leg steps forward into right Sanchindachi with right Mawashi-uke. (facing north)

La jambe droite avance d'un pas en Sanchindachi droit avec le Mawashi-uke droit. (regard vers le nord)

㉛ 挙動
Move/Mouvement

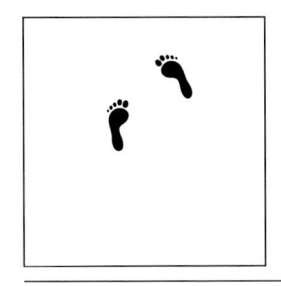

両掌脇に引く。　　　　　　　　　　　目付北。

In right Sanchindachi, both open hands pull back to the armpits. (facing north)

En Sanchindachi droit, les deux mains tirent aux aisselles. (regard vers le nord)

㉜ 挙動
Move/Mouvement

両掌底当て（左掌上）。　　　　　　　目付北。

In right Sanchindachi, double palm-heels strike(left hand up). (facing north)

En Sanchindachi droit, double frappe des paumes des mains (Shoutei/ main gauche en haut). (regard vers le nord)

スーパーリンペイ 剛柔流　Super Rinpei

㉝

挙動
Move/Mouvement

右掌掬い裏掛け受け、左掌脇に引く（甲下）。　目付北。

In right Sanchindachi, the right hand blocks Sukui-ura-kake-uke, the left open hand pulls back to the armpit(palm up). (facing north)

En Sanchindachi droit, la main droite bloque en Sukui-ura-kake-uke, la main gauche ouverte tire à l'aisselle gauche (paume vers le haut). (regard vers le nord)

㉞

挙動
Move/Mouvement

右掌を返し、掛け受け。　目付北。

In right Sanchindachi, the right open hand reverses, blocking Kake-uke. (facing north)

En Sanchindachi droit, la main droite ouverte pivote, bloquant en Kake-uke. (regard vers le nord)

㉟

挙動
Move/Mouvement

右掛け受けを脇に引きながら、左貫手。　目付北。

In right Sanchindachi, the right open hand blocks Sukui-uke, then reverses with Ura-kake-uke. Then pull it back to the armpit as the left hand strikes Chudan-nukite. (facing north)

En Sanchindachi droit, la main droite ouverte bloque en Sukui-ura-kake-uke, puis pivote avec Kake-uke, puis la tirer à l'aisselle droite, la main gauche frappe en Chudan-nukite. (regard vers le nord)

㊱

挙動
Move/Mouvement

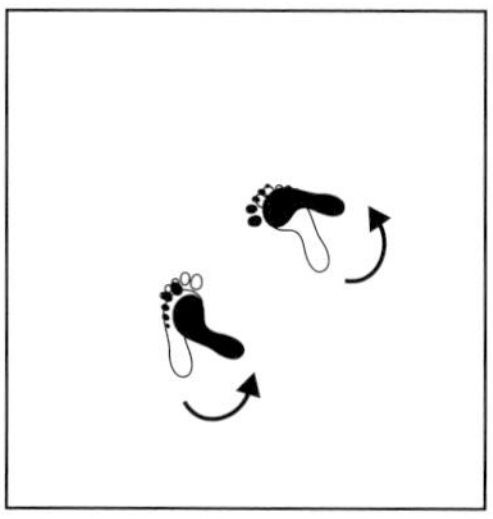

両足を軸に西に向き、左三戦立ち、左回し受け。目付西。

Both legs pivot to the west into left Sanchindachi and block with left Mawashi-uke. (facing west)

Les deux jambes pivotent vers l'ouest en Sanchindachi gauche, bloquer avec Mawashi-uke gauche. (regard vers l'ouest)

㊲

挙動
Move/Mouvement

両掌脇に引く。 目付西。

In left Sanchindachi, both open hands pull back to the armpits. (facing west)

En Sanchindachi gauche, tirer les deux mains aux aisselles. (regard vers l'ouest)

㊳

挙動
Move/Mouvement

両掌底当て（右掌上）。 目付西。

In left Sanchindachi, double palm-heels strike(right hand up). (facing west)

En Sanchindachi gauche, double frappe des paumes des mains (Shoutei/ main droite en haut). (regard vers l'ouest)

㊴

挙動
Move/Mouvement

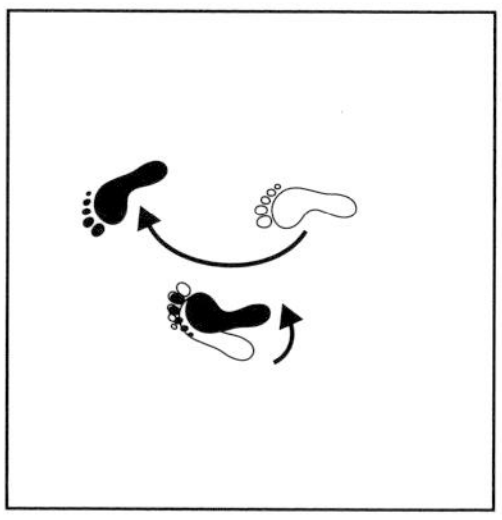

右足を前に進め、右三戦立ち、右回し受け。 目付西。

While the right leg steps forward into right Sanchindachi, block right Mawashi-uke. (facing west)

La jambe droite avance d'un pas en Sanchindachi droit, bloquer en Mawashi-uke droit. (regard vers l'ouest)

㊵

挙動
Move/Mouvement

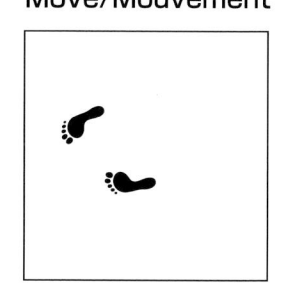

両掌脇に引く。 目付西。

In right Sanchindachi, both open hands pull back to the armpits. (facing west)

En Sanchindachi droit, les deux mains ouvertes tirent aux aisselles. (regard vers l'ouest)

㊶ 挙動 Move/Mouvement

両掌底当て（左掌上）。　　　　　　　　　目付西。

In right Sanchindachi, double palm-heels strike(left hand up). (facing west)

En Sanchindachi droit, double frappe des paumes des mains (Shoutei/ main gauche en haut). (regard vers l'ouest)

㊷ 挙動 Move/Mouvement

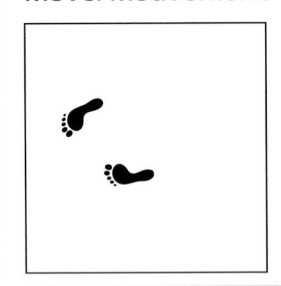

右掌掬い裏掛け受け、左掌脇に引く（甲下）。　目付西。

In right Sanchindachi, the right hand blocks Sukui-ura-kake-uke, the left open hand pulls back to the armpit(palm up). (facing west)

En Sanchindachi droit, la main droite bloque en Sukui-ura-kake-uke, la main gauche ouverte tire à l'aisselle gauche(paume vers le haut). (regard vers l'ouest)

㊸ 挙動 Move/Mouvement

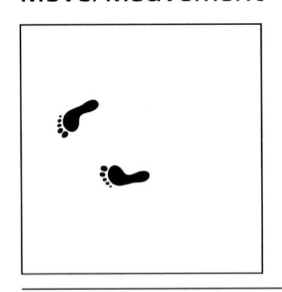

右掌を返し、掛け受け。　　　　　　　　　目付西。

In right Sanchindachi, the right open hand reverses, blocking Kake-uke. (facing west)

En Sanchindachi droit, la main droite ouverte pivote, bloquant en Kake-uke. (regard vers l'ouest)

㊹ 挙動 Move/Mouvement

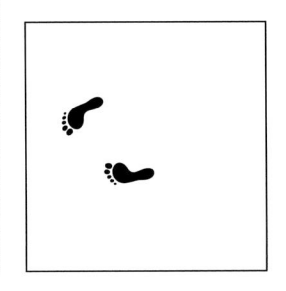

右掛け受けを脇に引きながら、左貫手。　　目付西。

In right Sanchindachi, while pulling the right Kake-uke back to the armpit, the left hand strikes Chudan-nukite. (facing west)

En Sanchindachi droit, la main droite pivote avec Kake-uke puis tire à l'aisselle droite, suivie par la main gauche en Chudan-nukite. (regard vers l'ouest)

㊺ 挙動 Move/Mouvement

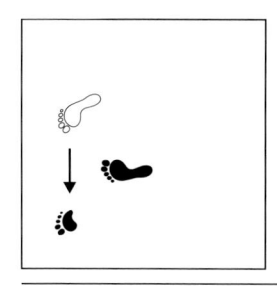

右足を南に移す。　　　　　　　　　　目付西。

The right leg moves to the south.　(facing west)

La jambe droite croise devant la jambe gauche vers le sud.
(regard vers l'ouest)

㊻ 挙動 Move/Mouvement

180°回転し、東を向き左三戦立ち、左回し受け。目付東。

Turn 180°, facing east in left Sanchindachi, with blocking left Mawashi-uke.　(facing east)

Faire un demi-tour à 180°, face à l'est en Sanchindachi gauche, avec Mawashi-uke gauche.　(regard vers l'est)

㊼ 挙動 Move/Mouvement

両掌脇に引く。　　　　　　　　　　目付東。

In left Sanchindachi, both open hands pull back to the armpits.　(facing east)

En Sanchindachi gauche, les deux mains ouvertes tirent aux aisselles.　(regard vers l'est)

㊽ 挙動 Move/Mouvement

両掌底当て（右掌上）。　　　　　　　目付東。

In left Sanchindachi, double palm-heels strike (right hand up).　(facing east)

En Sanchindachi gauche, double frappe des paumes des mains(Shoutei/ main droite en haut).　(regard vers l'est)

㊾

挙動

Move/Mouvement

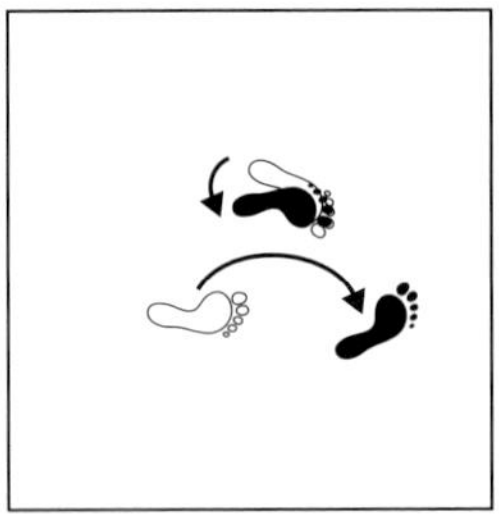

右足を前に進め、右三戦立ち、右回し受け。　目付東。

The right leg steps forward into right Sanchindachi with right Mawashi-uke. (facing east)

La jambe droite avance d'un pas en Sanchindachi droit avec Mawashi-uke droit. (regard vers l'est)

㊿

挙動

Move/Mouvement

両掌脇に引く。　目付東。

In right Sanchindachi, both open hands pull back to the armpits. (facing east)

En Sanchindachi droit, les deux mains ouvertes tirent aux aisselles. (regard vers l'est)

(51)

挙動

Move/Mouvement

両掌底当て（左掌上）。　目付東。

In right Sanchindachi, double palm-heels strike (left hand up). (facing east)

En Sanchindachi droit, double frappe des paumes des mains (Shoutei/ main gauche en haut). (regard vers l'est)

(52)

挙動

Move/Mouvement

右掌掬い裏掛け受け、左掌脇に引く（甲下）。　目付東。

In right Sanchindachi, the right open hand blocks Sukui-ura-kake-uke, the left hand pulls back to the armpit (palm up). (facing east)

En Sanchindachi droit, la main droite ouverte bloque en Sukui-ura-kake-uke, la main gauche ouverte tire à l'aisselle gauche (paume vers le haut). (regard vers l'est)

(53)

挙動
Move/Mouvement

右掌を返し、掛け受け。　目付東。

In right Sanchindachi, the right hand reverses blocking Kake-uke. (facing east)

En Sanchindachi droit, la main droite pivote avec Kake-uke. (regard vers l'est)

(54)

挙動
Move/Mouvement

右掛け受けを脇に引きながら、左貫手。　目付東。

In right Sanchindachi while pulling the right Kake-uke back to the armpit, the left hand strikes Chudan-nukite. (facing east)

En Sanchindachi droit, la main droite ouverte tire à l'aisselle droite alors que la main gauche frappe Chudan-nukite. (regard vers l'est)

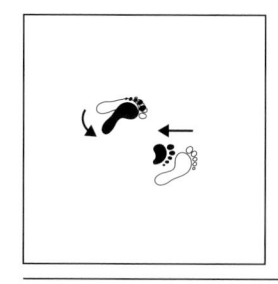

(55)

挙動
Move/Mouvement

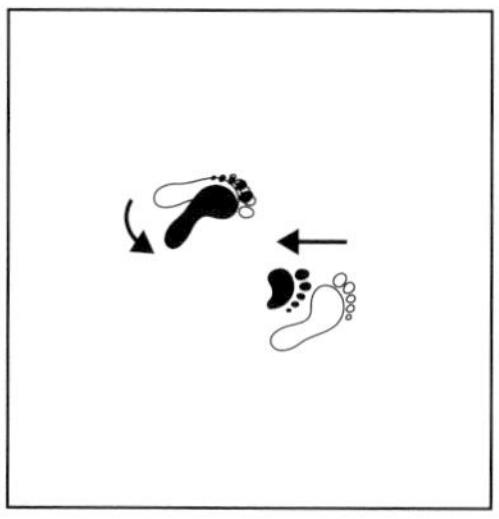

左足を軸に右足を寄せ、東向き右猫足立ちとなり、右回し受け。　目付東。

The left leg pivots while the right leg slides across into right Nekoashidachi (facing east) with right Mawashi-uke. (facing east)

La jambe gauche pivote alors que la jambe droite glisse vers l'intérieur en Nekoashidachi droit face à l'est avec Mawashi-uke droit. (regard vers l'est)

(56)

挙動
Move/Mouvement

両掌脇に引く。　目付東。

In right Nekoashidachi, both open hands pull back to the armpits. (facing east)

En Nekoashidachi droit, les deux mains ouvertes tirent aux aisselles. (regard vers l'est)

(57)

挙動
Move/Mouvement

両掌底当て（左掌上）。 目付東。

In right Nekoashidachi, double palm-heels strike (left hand up). (facing east)

En Nekoashidachi droit, double frappe des paumes des mains (Shoutei/ main gauche en haut). (regard vers l'est)

(58)

挙動
Move/Mouvement

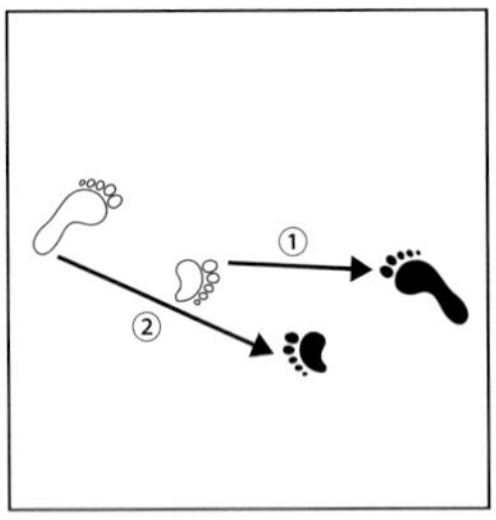

右足を前に進め、180° 回転して西向き、左猫足立ちとなり、左回し受け。 目付西。

The right leg slides forward then pivots 180° facing west in left Nekoashidachi, block with left Mawashi-uke.(facing west)

La jambe droite glisse vers l'avant puis pivote à 180° pour faire face à l'ouest en Nekoashidachi gauche, bloquer avec Mawashi-uke gauche. (regard vers l'ouest)

(59)

挙動
Move/Mouvement

両掌脇に引く。 目付西。

In left Nekoashidachi, both open hands pull back to the armpits. (facing west)

En Nekoashidachi gauche, les deux mains ouvertes tirent aux aisselles. (regard vers l'ouest)

(60)

挙動
Move/Mouvement

両掌底当て（右掌上）。 目付西。

In left Nekoashidachi, double palm-heels strike (right hand up). (facing west)

En Nekoashidachi gauche, double frappe des paumes des mains(Shoutei/ main droite en haut). (regard vers l'ouest)

㊱

挙動
Move/Mouvement

左足を南西に移して北向き、右猫足立ちとなり、右回し受け。　　　　　　　　　　　　　　　　　　　　目付北。

The left leg moves to the south-west turning into right Nekoashidachi, block with left Mawashi-uke.　(facing north)

La jambe gauche se déplace vers le sud-ouest tournant en Nekoashidachi droit face au nord, bloquer avec Mawashi-uke droit.　(regard vers le nord)

㊲

挙動
Move/Mouvement

両掌脇に引く。　　　　　　　　　　　　　目付北。

In right Nekoashidachi, both open hands pull back to the armpits.　(facing north)

En Nekoashidachi droit, les deux mains ouvertes tirent aux aisselles.　(regard vers le nord)

㊳

挙動
Move/Mouvement

両掌底当て（左掌上）。　　　　　　　　　目付北。

In right Nekoashidachi, double palm-heels strike(left hand up).　(facing north)

En Nekoashidachi droit, double frappe des paumes des mains (Shoutei/ main gauche en haut).　(regard vers le nord)

㊴

挙動
Move/Mouvement

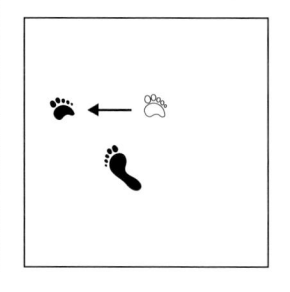

右足を西に移す。　　　　　　　　　　　　目付北。

The right foot moves to the west.　(facing north)

Le pied droit se déplace vers l'ouest.　(regard vers le sud)

スーパーリンペイ 剛柔流　Super Rinpei

㊹

挙動
Move/Mouvement

180°回転し、左平行三戦立ち、左掌掛け流し受け。

Turn 180° in left Heiko-sanchindachi, the left open hand blocks Kake-nagashi-uke.

Se tourner à 180° en Heiko-sanchindachi gauche. La main gauche ouverte bloque en Kake-nagashi-uke.

北側から見る
View from the north
Vue du nord

㊻

挙動
Move/Mouvement

両拳脇に引く（右拳甲上、左拳甲下）。　　　目付南。

In left Sanchindachi, both fists pull back to the armpits(right fist palm down). (facing south)

En Heiko-sanchindachi gauche, les deux poings tirent aux aisselles (poing droit paume vers le bas, poing gauche paume vers le haut). (regard vers le sud)

㊼

挙動
Move/Mouvement

間をおかず、両拳合せ突き（右拳甲上、左拳甲下）。目付南。

In left Sanchindachi, without pausing double-fists strike. Awasezuki (right fist up, palm down, left fist down, palm up). (facing south)

En Heiko-sanchindachi gauche, sans pause, frapper en double-poing (Awase-zuki/ poing droit paume vers le bas, poing gauche paume vers le haut). (regard vers le sud)

㊽

挙動
Move/Mouvement

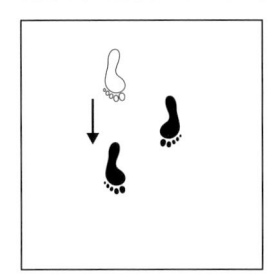

右足を直進し、押さえ踏み足、右平行三戦立ち。目付南。

The right leg steps straight forward strongly into right Heiko-sanchindachi. (facing south)

La jambe droite avance d'un pas avec force en Heiko-sanchindachi droit. (regard vers le sud)

㊻

挙動 / Move/Mouvement

左拳を脇に引きながら（甲下）、右拳を小さく小手押さえ受け。　　　　　目付南。

In right Heiko-sanchindachi, the left fist pulls back to the armpit while the right fist blocks Kote-osae-uke with the lower forearm. (facing south)

En Heiko-sanchindachi droit, le poing gauche tire à l'aisselle gauche, alors que le poing droit bloque en Kote-osae-uke avec le bas de l'avant-bras. (regard vers le sud)

㊺

挙動 / Move/Mouvement

左拳中段突き（水月前）。　　　　　目付南。

In right Heiko-sanchindachi, while blocking Osae-uke with right forearm, the left fist punches Chudan-zuki at solar plexus height. (facing south)

En Heiko-sanchindachi droit, le poing gauche frappe Chudan-zuki au plexus solaire. (regard vers le sud)

㋛

挙動 / Move/Mouvement

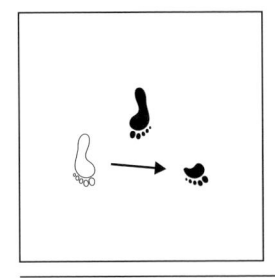

右足を東に移す。　　　　　目付南。

The right leg moves to the east. (facing south)

La jambe droite croise devant la jambe gauche vers l'est. (regard vers le sud)

㋜

挙動 / Move/Mouvement

180°回転し、左平行三戦立ち、左掌掛け流し受け。

Turn 180° in left Heiko-sanchindachi, the left open hand blocks Kake-nagashi-uke.

Se tourner à 180° en Heiko-sanchindachi gauche, la main gauche ouverte bloque en Kake-nagashi-uke.

スーパーリンペイ 剛柔流 Super Rinpei

�73

挙動
Move/Mouvement

両拳脇に引く（右拳甲上、左拳甲下）。　　　　目付北。

In left Heiko-sanchindachi, both fists pull back to the armpits (right fist up, palm down, left fist down, palm up).
(facing north)

En Heiko-sanchindachi gauche, les deux poings tirent aux aisselles(paume du poing droit vers le bas, paume du poing gauche vers le haut). (regard vers le nord)

㊄

挙動
Move/Mouvement

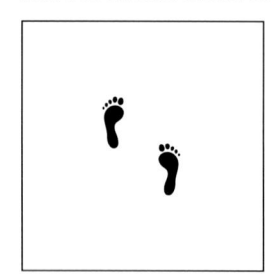

間をおかず、両拳合せ突き（右拳甲上、左拳甲下）。目付北。

In left Heiko-sanchindachi, without pausing, strike with double fists. Awasezuki (right fist up, palm down, left fist down, palm up). (facing north)

En Heiko-sanchindachi gauche, sans pause, frapper en double coup de poing(Awasezuki/ poing droit paume vers le bas, poing gauche paume vers le haut). (regard vers le nord)

㊄

挙動
Move/Mouvement

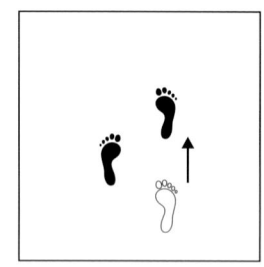

右足を直進して、押さえ踏み足、右平行三戦立ち。目付北。

The right leg steps straight forward strongly into right Heiko-sanchindachi. (facing north)

La jambe droite avance d'un pas avec force en Heiko-sanchindachi droit. (regard le nord)

㊄

挙動
Move/Mouvement

左拳を脇に引きながら（甲下）、右拳を小さく小手押さえ受け。　　　　　　　　　　　　　　　　　目付北。

In right Heiko-sanchindachi, the right fist blocks Kote-osae-uke with the lower forearm. (facing north)

En Heiko-sanchindachi droit, le poing gauche tire à l'aisselle gauche, alors que le poing droit bloque en Kote-osae-uke avec le bas de l'avant-bras. (regard vers le nord)

⑦⑦ 挙動 Move/Mouvement

左拳中段突き（水月前）。　　　　　　　　　目付北。

In right Heiko-sanchindachi, the left fist punches Chudan-zuki (solar plexus height).　(facing north)

En Heiko-sanchindachi droit, le poing gauche frappe Chudan-zuki au plexus solaire.　(regard vers le nord)

⑦⑧ 挙動 Move/Mouvement

両足を軸に西向き、左平行三戦立ち、左掌掛け流し受け。
目付西。

Both legs pivot into left Heiko-sanchindachi facing west, the left open hand blocks Kake-nagashi-uke.　(facing west)

Les deux jambes pivotent en Heiko-sanchindachi gauche faisant face à l'ouest, la main gauche ouverte bloque en Kake-nagashi-uke.　(regard vers l'ouest)

⑦⑨ 挙動 Move/Mouvement

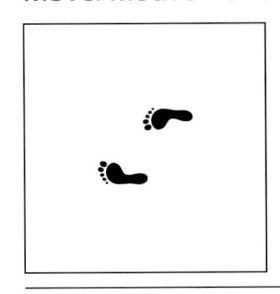

両拳脇に引く（右拳甲上、左拳甲下）。　　　目付西。

In left Heiko-sanchindachi, both fists pull back to the armpits (right fist up, palm down, left fist down, palm up).
(facing west)

En Heiko-sanchindachi gauche, les deux poings tirent aux aisselles(paume du poing droit vers le bas, paume du poing gauche vers le haut).　(regard vers l'ouest)

⑧⓪ 挙動 Move/Mouvement

間をおかず、両拳合せ突き（右拳甲上、左拳甲下）。
目付西。

In left Heiko-sanchindachi, without pausing, double fists strike Awasezuki (right fist up, palm down, left fist down, palm up).　(facing west)

En Heiko-sanchindachi gauche, frapper d'un double coup de poing(Awasezuki/ poing droit paume vers le bas, poing gauche paume vers le haut)sans faire de pause.　(regard vers l'ouest)

スーパーリンペイ 剛柔流　Super Rinpei

⑧¹ **挙動** Move/Mouvement

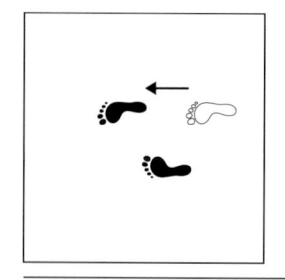

右足を直進し、押さえ踏み足、右平行三戦立ち。　　目付西。

The right leg steps straight forward strongly into right Heiko-sanchindachi. (facing west)

La jambe droite avance d'un pas avec force en Heiko-sanchindachi droit. (regard vers le l'ouest)

---

⑧² **挙動** Move/Mouvement

左拳を脇に引きながら（甲下）、右拳小さく小手押さえ受け。　目付西。

In right Heiko-sanchindachi, the right fist sweeps with Kote-osae-uke, the left fist pulls back to the armpit(palm up). (facing west)

En Heiko-sanchindachi droit, bloquer en Kote-osae-uke avec le bas de l'avant-bras droit, le poing gauche tire à l'aisselle gauche(paume vers le haut). (regard vers l'ouest)

---

⑧³ **挙動** Move/Mouvement

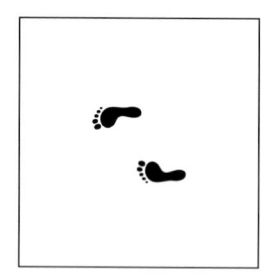

左拳中段突き（水月前）。　　目付西。

In right Heiko-sanchindachi, the left fist punches Chudan-zuki (solar plexus height). (facing west)

En Heiko-sanchindachi droit, le poing gauche frappe Chudan-zuki au plexus solaire. (regard vers l'ouest)

---

⑧⁴ **挙動** Move/Mouvement

右足を南に移す。　　目付西。

The right leg moves to the south. (facing west)

La jambe droite croise devant la jambe gauche vers le sud. (regard vers le l'ouest)

⑧⑤ 挙動 Move/Mouvement

180°回転し、東向き左平行三戦立ち、左掌掛け流し受け。目付東。

Both legs pivot, turning 180 ° into left Heiko-sanchindachi facing east, with the left open hand blocking Kake-nagashi-uke.
(facing east)

Les deux jambes pivotent, tournant à 180° en Heiko-sanchindachi gauche faisant face à l'est, avec la main gauche ouverte bloquant en Kake-nagashi-uke.
(regard vers l'est)

⑧⑥ 挙動 Move/Mouvement

両拳脇に引く（右拳甲上、左拳甲下）。目付東。

In left Heiko-sanchindachi, without pausing both fists pull back to the armpits (right fist up, palm down, left fist down, palm up).
(facing east)

En Heiko-sanchindachi gauche, les deux poings tirent aux aisselles(poing droit en haut/ paume vers le bas, poing gauche en bas/paume vers le haut).
(regard vers l'est)

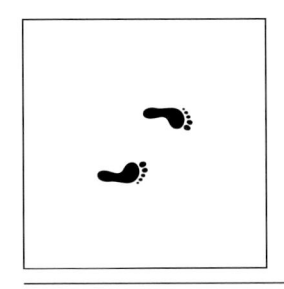

⑧⑦ 挙動 Move/Mouvement

間をおかず、両拳合せ突き（右拳甲上、左拳甲下）。目付東。

In left Heiko-sanchindachi without pausing, double fists strike Awasezuki(right fist up, palm down, left fist down, palm up).
(facing east)

En Heiko-sanchindachi gauche, frappe en double-poing (Awasezuki)avec poing droit en haut, sans faire de pause.
(regard vers l'est)

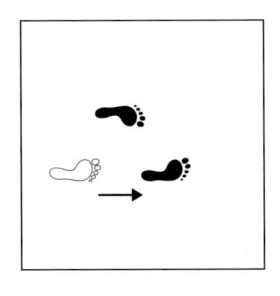

⑧⑧ 挙動 Move/Mouvement

右足を直進し、押さえ踏み足、右平行三戦立ち。目付東。

The right leg steps straight forward strongly into right Heiko-sanchindachi.
(facing east)

La jambe droite avance d'un pas en Heiko-sanchindachi droit avec force.
(regard vers l'est)

スーパーリンペイ 剛柔流 Super Rinpei

⑧⑨ 挙動 Move/Mouvement

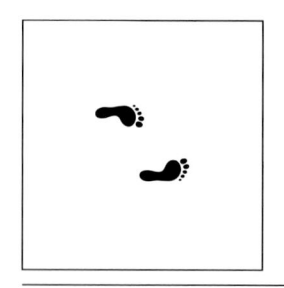

左拳を脇に引きながら（甲下）、右拳を小さく小手押さえ受け。　　　　　　　　　　　　　　　　目付東。

In right Heiko-sanchindachi, the right fist sweeps with Kote-osae-uke, the left fist pulls back to the armpit.
(facing east)

En Heiko-sanchindachi droit, le poing droit bloque en Kote-osae-uke avec le bas de l'avant-bras, le poing gauche tire à l'aisselle gauche. (regard vers l'est)

⑨⓪ 挙動 Move/Mouvement

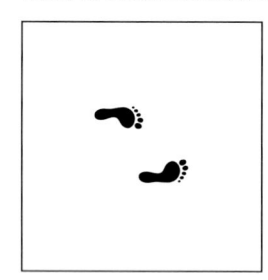

左拳中段突き（水月前）。　　　　　　　　　目付東。

In right Heiko-sanchindachi, the left fist punches Chudan-zuki (solar plexus height). (facing east)

En Heiko-sanchindachi droit, le poing gauche frappe Chudan-zuki, au plexus solaire. (regard vers l'est)

⑨① 挙動 Move/Mouvement

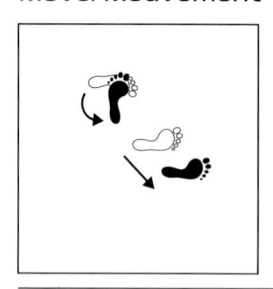

足を開き、北西向きの四股立ち（体は北東）、左拳横受け、右鶏口拳は雁下に構える。　　　　　目付北西。

The legs widen into Shikodachi facing north-west (body faces north-east), with the left hand blocking Yoko-uke, the right fist(Keikou-ken) takes Kamae under the right chest.
(facing north-west)

Les jambes s'écartent en Shikodachi, faisant face au nord-ouest (le corps fait face au nord-est), avec la main gauchequi bloque en Yoko-uke, le poing droit(Keikou-ken) se met à l'aisselle droite. (regard vers le nord-ouest)

⑨② 挙動 Move/Mouvement

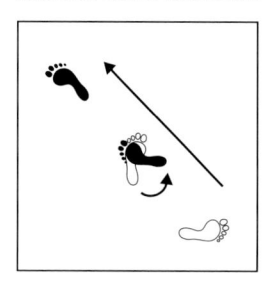

右足を北西に進め、右鶏口拳を左横受け、上より中段突き。　　　　　　　　　　　　　　　　目付北西。

The right leg steps forward to the north-west in right Zenkutsudachi, the right fist(Keikou-ken) strikes Chudan.
(facing north-west)

La jambe droite avance d'un pas en Zenkutsudachi vers le nord-ouest, la main droite frappe Chudan en Keikou-ken par-dessus la main gauche. (regard vers le nord-ouest)

93

挙動 Move/Mouvement

四股立ち（体は南西）、両拳払い受け。　　目付北西。

In Shikodachi facing north-west, both fists block Harai-uke (body facing south-west). (facing north west)

En Shikodachi face au nord-ouest, les deux poings bloquent Harai-uke (corps face au sud-ouest).
(regard vers le nord-ouest)

94

挙動 Move/Mouvement

目付を南東に移し（体は南西）、左拳横受け、右鶏口拳は雁下に構える。　　目付南東。

Turn to face south-east, the left fist blocks Yoko-uke (body facing south-west), the right fist Keikou-ken takes Kamae under the right chest in Shikodachi. (facing south-east)

En Shikodachi, tourner la tête pour regarder vers le sud-est, le poing gauche bloque en Yoko-uke (corps face au sud-ouest), le poing droit(Keikou-ken) se met à l'aisselle droite. (regard vers le sud-est)

95

挙動 Move/Mouvement

右足を南東に進め、右鶏口拳を左横受け、上より中段突き。　　目付南東。

Still facing south-east, the right leg steps forward to the south-east in right Zenkutsudachi(body facing north-east). The right fist(Keikou-ken) strikes Chudan over the left hand Yoko-uke. (facing south east)

Toujours faisant face au sud-est, la jambe droite avance d'un pas en Zenkutsudachi vers le sud-est (corps face au nord-est). La main droite frappe Chudan en Keikou-ken par-dessus le bras gauche. (regard vers le sud-est)

96

挙動 Move/Mouvement

四股立ち（体は北東）、両拳払い受け。　　目付南東。

In Shikodachi (body facing north-east), both fists block Harai-uke. (facing south-east)

En Shikodachi (corps face au nord-est), les deux poings bloquent en Harai-uke. (regard vers le sud-est)

(97)

挙動
Move/Mouvement

右足を南西に引き、四股立ち（体は南東）、左拳横受け、右鶏口拳は雁下に構える。 目付北東。

The right leg moves to the south-west into Shikodachi (body facing south-east), the left fist blocks Yoko-uke, the right fist (Keikou-ken)takes Kamae under the right chest. (facing north-east)

La jambe droite se déplace vers le sud-ouest en Shikodachi (corps face au sud-est), le poing gauche bloque en Yoko-uke, la main droite(Keikou-ken) se met à l'aisselle droite. (regard vers le nord-est)

(98)

挙動
Move/Mouvement

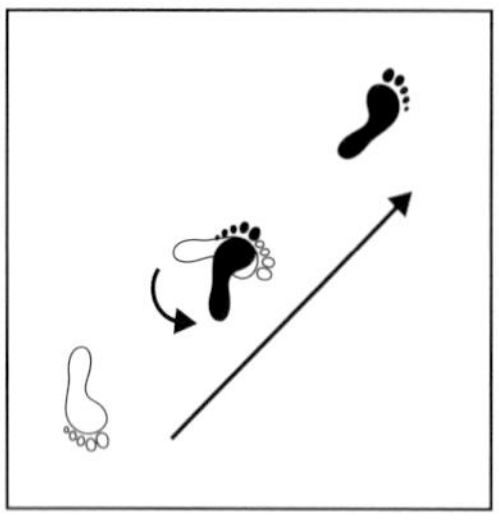

右足を北東に進め、右鶏口拳を左横上より中段突き。 目付北東。

The right leg steps forward to the north-east in right Zenkutsudachi, with the right fist(Keikou-ken) Chudan. (facing north-east)

La jambe droite avance d'un pas en Zenkutsudachi vers le nord-est avec la main droite qui frappe Chudan en Keikou-ken, par-dessus le bras gauche. (regard vers le nord-est)

(99)

挙動
Move/Mouvement

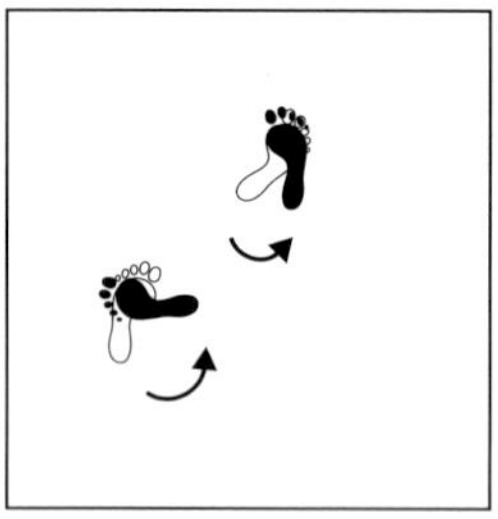

四股立ち（体は北西）、両拳払い受け。 目付北東。

In Shikodachi (body facing north-west), both fists block Harai-uke. (facing north east)

En Shikodachi (corps face au nord-ouest), les deux poings bloquent en Harai-uke. (regard vers le nord-est)

(100)

挙動
Move/Mouvement

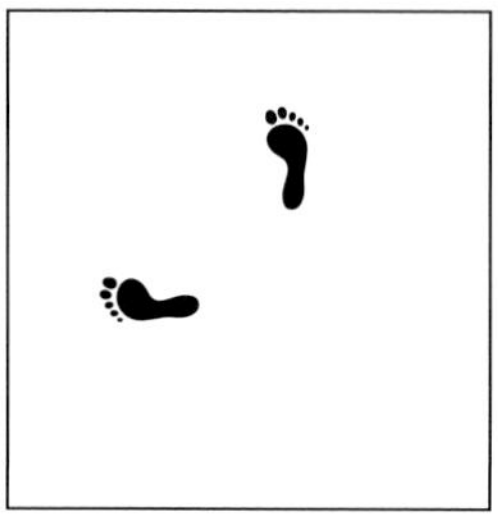

目付を南西に移し（体は北西）、左拳横受け、右鶏口拳は雁下に構える。 目付南西。

In Shikodachi turning to face south-west (body facing north-west),the left fist blocks Yoko-uke, the right fist (Keikou-ken)takes Kamae under the right chest. (facing south-west)

En Shikodachi, en tournant le regard vers le sud-ouest, le poing gauche bloque en Yoko-uke, la main droite(Keikou-ken) se met à l'aisselle droite. (regard vers le sud-ouest)

⑩1

挙動 Move/Mouvement

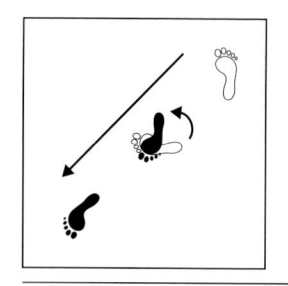

右足を南西に進め、前屈立ち、右鶏口拳を左横受けの上より中段突き。　　　　　　　　　　　　　　　目付南西。

The right leg steps forward to the south-west in right Zenkutsudachi. The right fist(Keikou-ken) strikes Chudan over the left hand Yoko-uke. (facing south west)

La jambe droite avance d'un pas vers le sud-ouest en Zenkutsu dachi. La main droite frappe(Chudan) en Keikou-ken par-dessus la main gauche. (regard vers le sud-ouest)

⑩2

挙動 Move/Mouvement

四股立ち（体は南東）、両拳払い受け。　　　目付南西。

In Shikodachi (body facing south-east), both fists block Harai-uke. (facing south-west)

En Shikodachi (corps face au sud-est), les deux poings bloquent en Harai-uke. (regard vers le sud-ouest)

⑩3

挙動 Move/Mouvement

左足を前に進め、左三戦立ち、右拳を開きながら左掌底払い受け。同時に右拳を開掌にし、小さく掌底押さえ受け。　　　　　　　　　　　　　　　　　　　　　目付南。

The left leg slides forward into left Sanchindachi, blocking Harai-uke with the left palm-heel, while the right fist opens, blocks Shoutei-osae-uke. (facing south)

La jambe gauche glisse vers l'avant pour se mettre en Sanchindachi gauche, bloquant Shoutei-harai-uke avec la paume de la main gauche, alors que le poing droit s'ouvre et bloque en Osae-uke avec la paume de la main. (regard vers le sud)

⑩4

挙動 Move/Mouvement

右足を前に進め、右三戦立ち、左掌そのままで右掛け受け。　　　　　　　　　　　　　　　　　　　　目付南。

The right leg steps forward into right Sanchindachi, the left open hand remains in the same position as the right hand blocks Kake-uke. (facing south)

La jambe droite avance d'un pas en Sanchindachi droit, la main gauche ouverte reste dans cette position, alors que la main droite bloque en Kake-uke. (regard vers le sud)

スーパーリンペイ 剛柔流　Super Rinpei

⑤ 挙動 Move/Mouvement

左足を前に進め、左三戦立ち、左掛け受け、右開掌脇に引く。　　　　　　　　　　　　　　目付南。

The left leg steps forward into left Sanchindachi, with left Kake-uke, while the right open hand pulls back to the armpit. (facing south)

La jambe gauche avance d'un pas en Sanchindachi gauche, avec Kake-uke de la main gauche, alors que la main droite ouverte tire à l'aisselle droite. (regard vers le sud)

⑯ 挙動 Move/Mouvement

右前蹴り。　　　　　　　　　　　　　　目付南。

The right leg kicks Chudan-mae-geri. (facing south)

La jambe droite frappe en Chudan-mae-geri. (regard vers le sud)

⑰ 挙動 Move/Mouvement

四股立ち（体は東）、左開掌に右肘当て。　目付南。

In Shikodachi (body facing east), the right elbow strikes(Hijiate) into the left open hand. (facing south)

Se mettre en Shikodachi (corps face à l'est), le coude droit frappe(Hijiate) dans la main gauche ouverte. (regard vers le sud)

⑱ 挙動 Move/Mouvement

右上段裏拳打ち、左開掌は右肘に添えたまま。　目付南。

In Shikodachi, the right hand strikes Jodan-ura-ken, with the left open hand touching the right elbow. (facing south)

En Shikodachi, la main droite frappe en Jodan-ura-ken, avec la main gauche ouverte qui reste touchée sur le coude droit. (regard vers le sud)

109

挙動 Move/Mouvement

左掌ではずしながら、右拳を脇に引く。　　目付南。

In Shikodachi, the right fist pulls back to the armpit as the left hand pulls away. (facing south)

En Shikodachi, le poing droit tire à l'aisselle droite alors que la main gauche pousse afin dégager vers l'extérieur.
(regard vers le sud)

110

挙動 Move/Mouvement

右足を北東に移し、北向きの左三戦立ち。右掌底摺り落とし受け、左掌底当てを同時に素早く強く行う。　目付北。

The right leg moves to the north-east into left Sanchindachi facing north, the left palm-heel blocks Suri-otoshi-uke, striking with the right palm-heel. (facing north)

La jambe gauche se déplace vers le nord-est pour se mettre en Sanchindachi gauche face au nord, bloquer en Suri-otoshi-uke avec la paume de la main droite, frappant devant avec la paume de la main gauche. (regard vers le nord)

111

挙動 Move/Mouvement

右足を前に進め、右三戦立ち、右掌掬い裏掛け受け、掛け押さえ受け、左掌底押さえ受け。　目付北。

The right leg steps forward into right Sanchindachi, the right open hand blocks with Sukui-ura-kake-uke followed by Kake-osae-uke, the left palm-heel blocking Osae-uke.
(facing north)

La jambe droite avance d'un pas en Sanchindachi droit, la main droite ouverte bloque avec Sukui-ura-kake-uke suivi par Kake-osae-uke, la paume de la main gauche bloque en Shoutei-osae-uke. (regard vers le nord)

112

挙動 Move/Mouvement

左足を前に進め、左三戦立ち、左掌掬い裏掛け受け、掛け押さえ受け、右掌底押さえ受け。　目付北。

The left leg steps forward into left Sanchindachi, the left open hand blocks with Sukui-ura-kake-uke, followed by Kake-osae-uke, the right palm-heel blocking Osae-uke.
(facing north)

La jambe gauche avance d'un pas en Sanchindachi gauche, la main gauche ouverte bloque avec Sukui-ura-kake-uke suivi par Kake-osae-uke, la paume de la main droite bloque en Shoutei-osae-uke. (regard vers le nord)

⑬ 挙動 Move/Mouvement

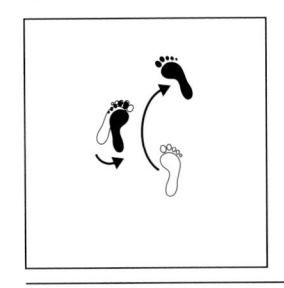

挙動⑪と同じ、右三戦立ち。　目付北。

The same as Move 111, in right Sanchindachi.　(facing north)

Même mouvement que 111, en Sanchindachi droit.
　　　　　　　　　　　　　　　　(regard vers le nord)

⑭ 挙動 Move/Mouvement

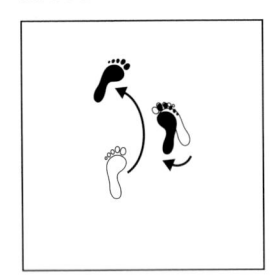

挙動⑫と同じ、左三戦立ち。　目付北。

The same as Move 112, in left Sanchindachi.　(facing north)

Même mouvement que 112, en Sanchindachi gauche.
　　　　　　　　　　　　　　　　(regard vers le nord)

⑮ 挙動 Move/Mouvement

挙動⑪と同じ、右三戦立ち。　目付北。

The same as Moves 111, in right Sanchindachi.　(facing north)

Même mouvement que 111, en Sanchindachi droit.
　　　　　　　　　　　　　　　　(regard vers le nord)

⑯ 挙動 Move/Mouvement

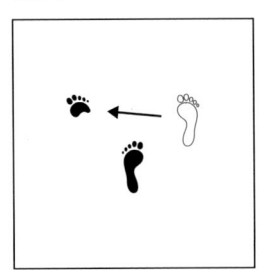

右足を左に移し、交差立ち。　目付北。

The right leg steps to the left into Kosadachi.　(facing north)

La jambe droite croise devant la gauche pour se mettre en Kosadachi.　(regard vers le nord)

(117)

挙動
Move/Mouvement

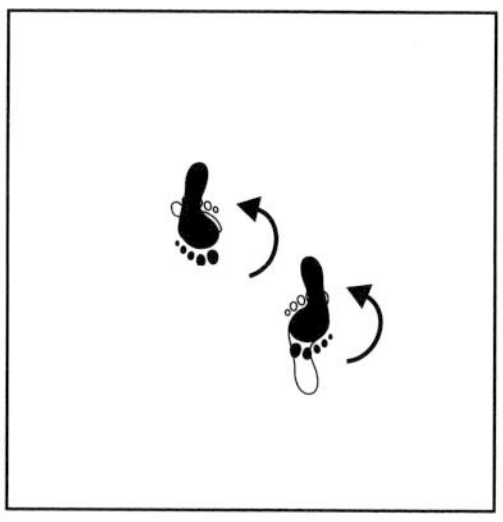

180°回転し、南向き左三戦立ち、左裏掛け受け、右掌甲下で脇に引く。 目付南。

Turn 180° to the south in left Sanchindachi, the left open hand blocks Ura-kake-uke, the right open hand palm up pulls back to the armpit. (facing south)

Tourner 180° en direction du sud pour se mettre en Sanchindachi gauche, la main gauche ouverte bloque en Ura-kake-uke, la main droite ouverte, paume vers le haut, tire à l'aisselle. (regard vers le sud)

(118)

挙動
Move/Mouvement

右足底払いから360°回転し、左開掌に当てる。 目付南。

The right under foot sweeps up and strikes in to open left hand by turning 360°. (facing south)

Le dessous du pied droit balaie vers le haut et frappe à l'intérieur de la main gauche ouverte, et tourner à 360°. (regard vers le sud)

(119)

挙動
Move/Mouvement

左三戦立ち、左掛け受け、右掌脇に引く(甲上)。 目付南。

In left Sanchindachi, the left hand blocks Kake-uke, the right hand pulls back to the armpit. (facing south)

En Sanchindach gauche, bloque en Kake-uke avec la main gauche, la main droite à l'aisselle droite (les dos des mains vers le haut). (regard vers le sud)

(120)

挙動
Move/Mouvement

左前蹴り。 目付南。

The left leg kicks Mae-geri. (facing south)

La jambe gauche frappe en Mae-geri. (regard vers le sud)

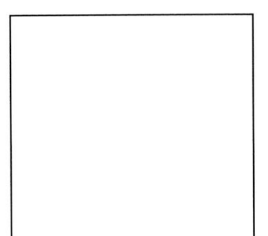

⑫ **挙動** Move/Mouvement	右飛び蹴りの二段蹴り。　　　　　　　　　　目付南。 Then the right leg kicks with jumping-Mae-geri (two level kicks).　　　　　　　　　　　　　　　(facing south) La jambe droite frappe Mae-geri-sauté pour Nidan-tobi-geri. 　　　　　　　　　　　　　　　(regard vers le sud)
⑫ **挙動** Move/Mouvement	四股立ち（体は東）、左開掌に右肘当て。　目付南。 In Shikodachi (body facing east), the right elbow strikes (Hijiate) into the left open hand.　　(facing south) Se mettre en Shikodachi (corps face à l'est), le coude droit frappe(Hijiate) dans la main gauche ouverte. 　　　　　　　　　　　　　　　(regard vers le sud)
⑫ **挙動** Move/Mouvement	右上段裏拳打ち（左掌そのまま）。　　　　目付南。 In Shikodachi, the right hand strikes Jodan-ura-ken (the left hand remains still).　　　　　　　　(facing south) En Shikodachi, la main droite frappe en Jodan-ura-ken (la main gauche reste comme elle est).　(regard vers le sud)
⑫ **挙動** Move/Mouvement	右足を北東に移し、北向きの左三戦立ち。右掌底摺り落し受け、左掌底当てを同時に素早く強く行う。　目付北。 From Shikodachi, the right leg steps forward to the north in left Sanchindachi, the right palm heel extends forward then blocks Suri-otoshi-uke striking with the left palm heel.　(facing north) La jambe droite se deplace vers le nord–est pour tourner face au nord, et se mettre en Sanchindachi gauche, bloquer en Suri-otoshi-uke avec la paume de la main droite, frappant devant fort avec la paume de la main (Shoutei)gauche. 　　　　　　　　　　　　　　　(regard vers le nord)

⑫⑤ **挙動** Move/Mouvement

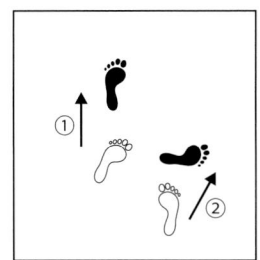

左足から北に摺り足で進み、四股立ち。　目付北。

Slide forward into Shikodachi, the left leg first. (facing north)

Glisser les pieds devant (pied gauche en premier) pour se mettre en Shikodachi.　(regard vers le nord)

北側から見る
View from the north
Vue du nord

⑫⑥ **挙動** Move/Mouvement

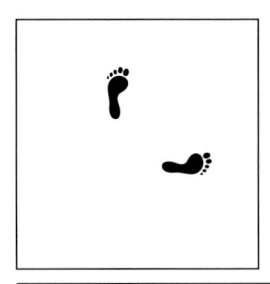

左掌で摺り流し受けながら、右上腕基部に添え、右貫手。
目付北。

In Shikodachi, the left open hand blocks Suri-nagashi-uke ending up touching the base of the right upper arm as the right strikes Nukite. (facing north)

En Shikodachi gauche, la main gauche ouverte bloque en Suri-nagashi-uke, finissant en touchant la base du haut du bras droit alors que le bras droit frappe en Chudan-nukite.
(regard vers le nord)

北側から見る
View from the north
Vue du nord

⑫⑦ **挙動** Move/Mouvement

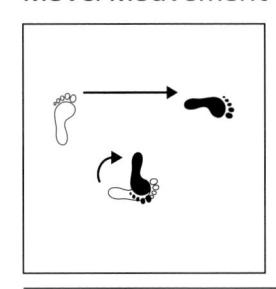

左足を東に移し、南向き四股立ち。両掌を胸前、右掌外で交差。　目付南。

The left leg moves to the east turning into Shikodachi facing south, both hands cross in front of the chest, right hand on the outside. (facing south)

La jambe gauche se déplace vers l'est pour tourner face au sud en Shikodachi, les deux mains se croisent devant le buste, la main droite à l'extérieur. (regard vers le sud)

⑫⑧ **挙動** Move/Mouvement

右弧受け、肩前、左弧受け、水月前。　目付南。

In Shikodachi, the right hand blocks Ko-uke in front of the shoulder, the left hand blocking Ko-uke in front of the solar plexus. (facing south)

En Shikodachi, frappe en Ko-uke (la main droite bloque devant l'épaule, la main gauche devant le plexus solaire).
(regard vers le sud)

スーパーリンペイ 剛柔流　Super Rinpei

㉙ 挙動 Move/Mouvement

両掌を右上で重ねる。　　　　　　　　　　　　　目付南。

In Shikodachi, both palms come together, right hand on top.
(facing south)

En Shikodachi, les deux mains se joignent (main droite en haut).　　　(regard vers le sud)

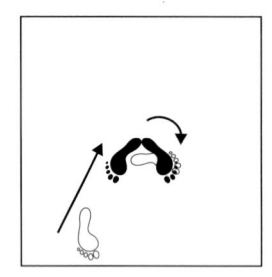

㉚ 挙動 Move/Mouvement

右足を左足に引き付け、結び立ち、両掌を手前に回しながら金的前に構える。　　　目付南。

The right leg moves to the left leg into Musubidachi, both hands rotate down to take Kamae in front of the Kinteki.
(facing south)

La jambe droite rejoint la jambe gauche pour se mettre en Musubidachi, les deux mains effectuent une rotation vers le bas pour se mettre en Kamae devant le Kinteki.
(regard vers le sud)

㉛ 直立 Stand/Debout

結び立ち、両開掌を両大腿部横に甲外で添える。目付南。

In Musubidachi, both open hands return to the side of the thighs, palms in.　　　(facing south)

En Musubidachi, les deux mains ouvertes reviennent le long des cuisses, paumes vers l'intérieur.　(regard vers le sud)

スーパーリンペイ 糸東流
Super Rinpei

①
直立
Stand/Debout

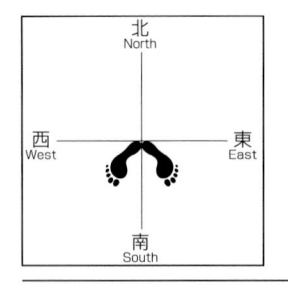

結び立ちとなり、両手は両大腿部外側につけてそれぞれ伸ばす。　　　　　　　　　　　　　　　　　　　目付南。

Stand in Musubidachi, both hands extend to the side of the thighs.　(facing south)

Se mettre en Musubidachi, les deux bras étendus, les mains sur le côté des cuisses.　(regard vers le sud)

②
用意
Ready/Prêt

両手を開手し、金的の前に両手をそえる。　　　目付南。

In Musubidachi, the hands open and come together, left hand on top in front of the Kinteki.　(facing south)

En Musubidachi, les deux mains ouvertes, se rejoignent devant le Kinteki.　(regard vers le sud)

③
挙動
Move/Mouvement

平行立ちとなり両手は握り、両大腿部外側にそれぞれ伸ばす。　　　　　　　　　　　　　　　　　　　目付南。

Stand in Heikodachi as both hands clench, both arms extend to the side of the thighs.　(facing south)

Se mettre en Heikodachi, alors que les deux mains serrent les poings, les deux bras s'étendent sur le côté des cuisses.　(regard vers le sud)

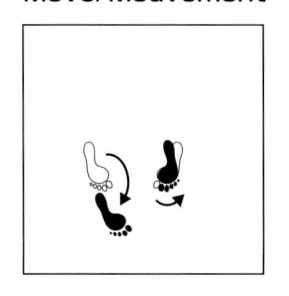

④
挙動
Move/Mouvement

右足を前方に出し右三戦立ちとなり、両手は握り、肩の高さに双手中段受けを行う。　　　　　　　　　目付南。

The right leg steps forward into right Sanchindachi, both arms block with Morote-chudan-uke at shoulder height, hands closed.　(facing south)

La jambe droite avance d'un pas en Sanchindachi droit, les deux bras(Morote-chudan-uke)bloquent au niveau des épaules, poings fermés.　(regard vers le sud)

⑤ 挙動 Move/Mouvement

左手を左脇に引く。　　　　　　　　　　　　目付南。

In right Sanchindachi, the left fist pulls back to the armpit.
(facing south)

En Sanchindachi droit, le poing gauche tire à l'aisselle gauche.
(regard vers le sud)

⑥ 挙動 Move/Mouvement

左手で中段突き。　　　　　　　　　　　　　目付南。

In right Sanchindachi, the left arm extends and punches Chudan-zuki.
(facing south)

En Sanchindachi droit, le poing gauche frappe en Chudan-zuki.
(regard vers le sud)

⑦ 挙動 Move/Mouvement

突いた左手を引き、双手中段受け。　　　　　目付南。

In right Sanchindachi, the left hand that punched now pulls back and blocks Chudan-uke(Morote-chudan-uke).
(facing south)

En Sanchindachi droit, la main gauche bloque en Chudan-uke, la main droite reste en Chudan-uke(Morote-chudan-uke).
(regard vers le sud)

⑧ 挙動 Move/Mouvement

両手はそのままで、左足を前方に進め、左三戦立ちとなる。
目付南。

Both arms remain in this position as the left leg steps forward into left Sanchindachi.
(facing south)

Les deux bras restent dans cette position, alors que la jambe gauche avance d'un pas en Sanchindachi gauche.
(regard vers le sud)

スーパーリンペイ 糸東流　Super Rinpei

⑨ 挙動 Move/Mouvement

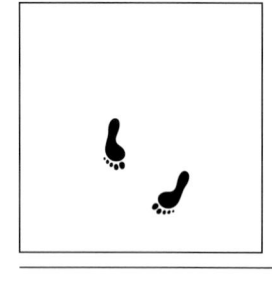

右手を右脇に引く。　　　　　　　　　　　　　目付南。

In left Sanchindachi, the right fist pulls back to the armpit.
(facing south)

En Sanchindachi gauche, le poing droit tire à l'aisselle droite.
(regard vers le sud)

⑩ 挙動 Move/Mouvement

右手で中段突き。　　　　　　　　　　　　　　目付南。

In left Sanchindachi, the right arm extends and punches Chudan-zuki. (facing south)

En Sanchindachi gauche, le poing droit frappe en Chudan-zuki. (regard vers le sud)

⑪ 挙動 Move/Mouvement

突いた右手を引き、双手中段受け。　　　　　　目付南。

In left Sanchindachi, the right hand pulls back, and blocks Chudan-uke(Morote-chudan-uke). (facing south)

En Sanchindachi gauche, la main droite bloque en Chudan-uke, le bras gauche reste en Chudan-uke(Morote-chudan-uke). (regard vers le sud)

⑫ 挙動 Move/Mouvement

両手はそのままで、右足を前方に進め、右三戦立ちとなる。
　　　　　　　　　　　　　　　　　　　　　　目付南。

Both arms remain in this position as the right leg steps forward into right Sanchindachi. (facing south)

Les deux bras restent dans cette position, alors que la jambe droite avance d'un pas en Sanchindachi droit.
(regard vers le sud)

⑬ 挙動 Move/Mouvement

左手を左脇に引く。　　　　　　　　　　　　目付南。

In right Sanchindachi, the left hand pulls back to the armpit.
(facing south)

En Sanchindachi droit, la main gauche tire à l'aisselle gauche.　　　　　　　　　　　(regard vers le sud)

⑭ 挙動 Move/Mouvement

左手で中段突き。　　　　　　　　　　　　目付南。

In right Sanchindachi, the left arm extends and punches Chudan-zuki.　　　　　　　(facing south)

En Sanchindachi droit, la main gauche frappe Chudan-zuki.
(regard vers le sud)

⑮ 挙動 Move/Mouvement

突いた左手を引き、双手中段受け。　　　　目付南。

In right Sanchindachi, the left hand pulls back, and blocks Chudan-uke(Morote-chudan-uke).　　　(facing south)

En Sanchindachi droit, la main gauche bloque en Chudan-uke, le bras droit reste en Chudan-uke(Morote-chudan-uke).　　　　　　　　　　(regard vers le sud)

⑯ 挙動 Move/Mouvement

両手を両脇に引き、甲下にて構える。　　　目付南。

Both hands pull back to the armpits. The stance remains the same(palms up).　　　　　　　　　　(facing south)

En Sanchindachi droit, les deux mains tirent aux aisselles (paumes vers le haut poings fermés).　　(regard vers le sud)

スーパーリンペイ 糸東流　Super Rinpei

⑰ 挙動 Move/Mouvement

両手を前方に押し出しながら両側に両手を開手にし、伸ばす。　　　　　　　　　　　　　　　　　　目付南。

In right Sanchindachi, as both hands push forward, they open and extend to the sides.　(facing south)

En Sanchindachi droit, alors que les deux mains ouvertes poussent devant, elles s'ouvrent puis s'étendent sur les côtés.　(regard vers le sud)

⑱ 挙動 Move/Mouvement

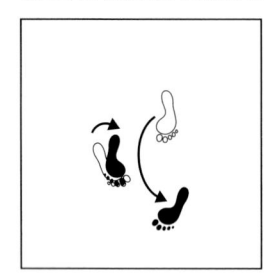

左足を前方に進め左三戦立ちとなり、左手を右腰に引き（甲下）右手を左手上に引く（甲上）。左右とも開手。回し受けに入る準備を行う。　　　　　　　　　　　　目付南。

Left leg steps forward in left Sanchindachi, the right arm is vertical and the left arm square, both hands opened while preparing for Mawashi-uke.　(facing south)

La jambe gauche avance d'un pas en Sanchindachi gauche, les deux mains ouvertes, le dos de la main droite tire à la verticale sur le côté droit et le bras gauche à l'angle droit horizontalement en se préparant pour Mawashi-uke.
　　　　　　　　　　　　　　　　(regard vers le sud)

⑲ 挙動 Move/Mouvement

回し受けを行う。　　　　　　　　　　　　　　目付南。

In left Sanchindachi, blocking Mawashi-uke.　(facing south)

En Sanchindachi gauche, bloquer Mawashi-uke.
　　　　　　　　　　　　　　　　(regard vers le sud)

⑳ 挙動 Move/Mouvement

両手を垂直にし前方に伸ばし、右手は顎、左手は金的の位置。　　　　　　　　　　　　　　　　　　　　目付南。

In left Sanchindachi, both hands extend while aligned vertically, the right hand at chin height and the left hand in front of the Kinteki.　(facing south)

En Sanchindachi gauche, les deux mains s'étendent devant, tout en s'alignant verticalement, la main droite à hauteur du menton et la gauche devant le Kinteki.　(regard vers le sud)

㉑ 挙動 Move/Mouvement

右足を前方に進め右三戦立ちとなり、右手を左腰に引き（甲下）左手を右手上に引く（甲上）。左右ともに開手。回し受けに入る準備を行う。　　　　　目付南。

Right leg steps forward in right Sanchindachi, the left arm is vertical and the right arm square, both hands opened while preparing for Mawashi-uke. (facing south)

La jambe droite avance d'un pas en Sanchindachi droit, les deux mains ouvertes, le dos de la main gauche tire à la verticale sur le côté gauche et le bras droit à l'angle gauche horizontalement en se préparant pour Mawashi-uke.
(regard vers le sud)

㉒ 挙動 Move/Mouvement

回し受けを行う。　　　　　目付南。

In right Sanchindachi, blocking Mawashi-uke. (facing south)

En Sanchindachi droit, bloquer Mawashi-uke.
(regard vers le sud)

㉓ 挙動 Move/Mouvement

両手を垂直にし前方に伸ばし、左手は顎、右手は金的の位置。　　　　　目付南。

In right Sanchindachi, both hands extend while aligned vertically, the left hand at chin height and the right hand in front of the Kinteki. (facing south)

En Sanchindachi droit, les deux mains s'étendent devant tout en s'alignant verticalement, la main gauche à hauteur du menton, la main droite devant le Kinteki.
(regard vers le sud)

㉔ 挙動 Move/Mouvement

右手は右裏受けを行い、左手は左脇に引く。　目付南。

In right Sanchindachi, the right hand in Ura-uke blocks to the side, the left hand pulls back to the armpit.(facing south)

En Sanchindachi droit, la main droite(Ura-uke) bloque sur le côté droit, la main gauche tire à l'aisselle gauche.
(regard vers le sud)

㉕

挙動
Move/Mouvement

その位置で右掛け受け。　　　　　　　　　　　　　　目付南。

In right Sanchindachi, the right hand performs with Kake-uke.　　　　　　　　　　　　　　(facing south)

En Sanchindachi droit, la main droite exécute ensuite Kake-uke.　　　　　　　　　　　　(regard vers le sud)

㉖

挙動
Move/Mouvement

右手を右脇に引き、左手で右斜め前に貫手。　　　　目付南。

In right Sanchindachi, the right hand pulls back to the armpit as the left hand(Chudan-nukite) extends diagonally forward.　　　　　　　　　　　　　　(facing south)

En Sanchindachi droit, la main droite tire à l'aisselle droite, alors que la main gauche frappe en Chudan-nukite devant en diagonale.　　　　　　　　　　　(regard vers le sud)

㉗

挙動
Move/Mouvement

右足を左横に交差させる。　　　　　　　　　　　　目付南。

The right leg moves across to the east to rotate 180°.　　　　　　　　　　　　　　　　(facing south)

La jambe droite croise devant la jambe gauche vers l'est pour tourner.　　　　　　　　　　(regard vers le sud)

㉘

挙動
Move/Mouvement

北に向きを変え、左手を右腰に引き（甲下）右手を左手上に引く（甲上）。左右とも開手。回し受けに入る準備を行う。　　　　　　　　　　　　　　　　目付北。

In left Sanchindachi, the right arm is vertical and the left arm horizontal, both hands opened while preparing for Mawashi-uke.　　　　　　　　　　　　(facing north)

Faire une rotation à 180° en Sanchindachi gauche, les deux mains ouvertes, le dos de la main droite tire à la verticale sur le côté droit et le bras gauche à l'angle droit horizontalement en se préparant pour Mawashi-uke.　　(regard vers le nord)

㉙ **挙動** Move/Mouvement

回し受けを行う。　　　　　　　　　　　　　目付北。

In left Sanchindachi, blocking Mawashi-uke.　(facing north)

En Sanchindachi gauche, bloquer Mawashi-uke.
　　　　　　　　　　　　　　　(regard vers le nord)

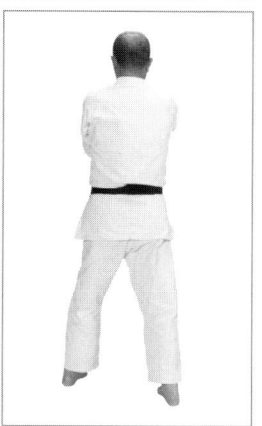

㉚ **挙動** Move/Mouvement

両手首を垂直にし前方に伸ばし、右手は顎、左手は金的の位置。　　　　　　　　　　　　　　　　　目付北。

In left Sanchindachi, both hands extend while aligned vertically, the right hand at chin height and the left in front of the Kinteki.　(facing north)

En Sanchindachi gauche, les deux mains s'étendent devant tout en s'alignant à la verticale, la main droite à hauteur du menton et la main gauche devant le Kinteki.
　　　　　　　　　　　　　　　(regard vers le nord)

㉛ **挙動** Move/Mouvement

右足を前方に進め右三戦立ちとなり、右手を左腰に引き（甲下）左手を右手上に引く（甲上）左右ともに開手。回し受けに入る準備を行う。　　　　　　　目付北。

Right leg steps forward in right Sanchindachi, the left arm is vertical and the right arm square, both hands opened while preparing for Mawashi-uke.　(facing north)

La jambe droite avance d'un pas en Sanchindachi droit, les deux mains ouvertes, le dos de la main gauche tire à la verticale sur le côté gauche et le bras droit à l'angle gauche horizontalement en se préparant pour Mawashi-uke.
　　　　　　　　　　　　　　　(regard vers le nord)

㉜ **挙動** Move/Mouvement

回し受けを行う。　　　　　　　　　　　　　目付北。

In right Sanchindachi, blocking Mawashi-uke.　(facing north)

En Sanchindachi droit, bloquer Mawashi-uke.
　　　　　　　　　　　　　　　(regard vers le nord)

スーパーリンペイ 糸東流　Super Rinpei

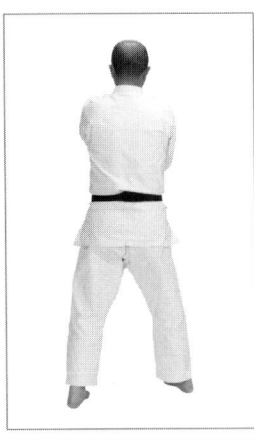

㉝ 挙動 Move/Mouvement

両手首を垂直にし前方に伸ばし、左手は顎、右手は金的の位置。　　　　　　　　　　　目付北。

In right Sanchindachi, both hands extend while aligned vertically, the left hand at chin height and the right hand in front of the Kinteki.　　(facing north)

En Sanchindachi droit, les deux mains s'étendent devant tout en s'alignant à la verticale, la main gauche à hauteur du menton et la main droite devant le Kinteki.
　　　　　　　　　　　(regard vers le nord)

㉞ 挙動 Move/Mouvement

右手は右裏受けを行い、左手は左脇に引く。　　目付北。

In right Sanchindachi, the right hand (Ura-uke) blocks to the side, the left hand pulls back to the armpit.　　(facing north)

En Sanchindachi droit, la main droite(Ura-uke) bloque sur le côté droit, la main gauche tire à l'aisselle gauche.
　　　　　　　　　　　(regard vers le nord)

㉟ 挙動 Move/Mouvement

その位置で右掛け受け。　　　　　　　　　目付北。

In right Sanchindachi, the right hand performs with Kake-uke.　　(facing north)

En Sanchindachi droit, la main droite exécute ensuite Kake-uke.　　(regard vers le nord)

㊱ 挙動 Move/Mouvement

右手を右脇に引き、左手で右斜め前に貫手。　　目付北。

In right Sanchindachi, the right hand pulls back to the armpit as the left hand (Chudan-nukite) extends diagonally forward.　　(facing north)

En Sanchindachi droit, la main droite tire à l'aisselle droite, alors que la main gauche frappe en Chudan-nukite devant en diagonale.　　(regard vers le nord)

㊲ 挙動 Move/Mouvement

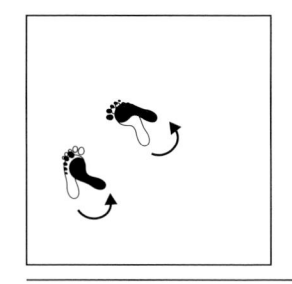

西に向きを変え左三戦立ちとなり、左手を右腰に引き（甲下）右手を左手上に引く（甲上）。左右とも開手。回し受けに入る準備を行う。　　　　　　　　　　目付西。

Turn to the west in left Sanchindachi, the right arm is vertical and the left arm horizontal, both hands opened while preparing for Mawashi-uke. (facing west)

En s'orientant vers l'ouest en Sanchindachi gauche, les deux mains ouvertes, le dos de la main droite tire à la verticale sur le côté droit et le bras gauche à l'angle droit horizontalement en se préparant pour Mawashi-uke. (regard vers l'ouest)

㊳ 挙動 Move/Mouvement

回し受けを行う。　　　　　　　　　　目付西。

In left Sanchindachi, blocking Mawashi-uke. (facing west)

En Sanchindachi gauche, bloquer Mawashi-uke. (regard vers l'ouest)

㊴ 挙動 Move/Mouvement

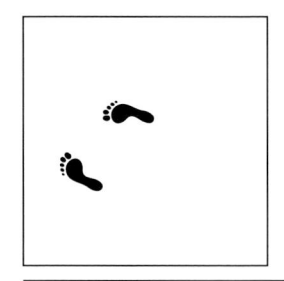

両手首を垂直にし前方に伸ばし、右手は顎、左手は金的の位置。　　　　　　　　　　目付西。

In left Sanchindachi, both hands extend while aligned vertically, the right hand at chin height and the left hand in front of the Kinteki. (facing west)

En Sanchindachi gauche, les deux mains s'étendent devant tout en s'alignant verticalement, la main droite à hauteur du menton et la main gauche devant le Kinteki. (regard vers l'ouest)

㊵ 挙動 Move/Mouvement

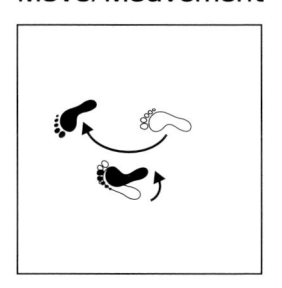

右足を前方に進め右三戦立ちとなり、右手を左腰に引き（甲下）左手を右手上に引く（甲上）。左右ともに開手。回し受けに入る準備を行う。　　　　　　　　　　目付西。

The left arm is vertical and the right arm square, both hands opened while preparing for Mawashi-uke, stepping forward into right Sanchindachi. (facing west)

La jambe droite avance d'un pas en Sanchindachi droit, les deux mains ouvertes, le dos de la main gauche tire à la verticale sur le côté gauche et le bras droit est à l'angle gauche horizontalemnt en se préparant pour Mawashi-uke. (regard vers l'ouest)

スーパーリンペイ 糸東流　Super Rinpei

㊶

挙動
Move/Mouvement

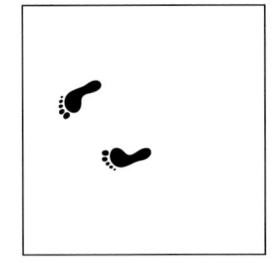

回し受けを行う。　　　　　　　　　　　　　目付西。

In right Sanchindachi, blocking Mawashi-uke.　(facing west)

En Sanchindachi droit, bloquer Mawashi-uke.
(regard vers l'ouest)

㊷

挙動
Move/Mouvement

両手を垂直にし前方に伸ばし、左手は顎、右手は金的。
目付西。

In right Sanchindachi, both hands extend while aligned vertically, the left hand at chin height and the right in front of the Kinteki.　(facing west)

En Sanchindachi droit, les deux mains s'étendent devant tout en s'alignant verticalement, la main gauche à hauteur du menton et la droite devant le Kinteki. (regard vers l'ouest)

㊸

挙動
Move/Mouvement

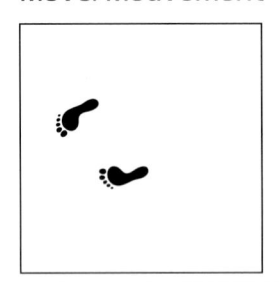

右手は右裏受けを行い、左手は左脇に引く。　目付西。

In right Sanchindachi, the right hand(Ura-uke) blocks to the side, the left hand pulls back to the armpit.　(facing west)

En Sanchindachi droit, la main droite(Ura-uke) bloque sur le côté droit, la main gauche tire à l'aisselle gauche.
(regard vers l'ouest)

㊹

挙動
Move/Mouvement

その位置で右掛け受け。　　　　　　　　　　目付西。

In right Sanchindachi, the right hand performs with Kake-uke.　(facing west)

En Sanchindachi droit, la main droite exécute ensuite Kake-uke.　(regard vers l'ouest)

㊺ 挙動 Move/Mouvement

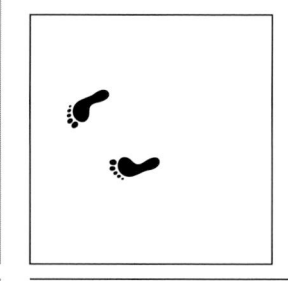

右手を右脇に引き、左手で右斜め前に貫手。　　目付西。

In right Sanchindachi, the right hand pulls back to the armpit as the left hand(Chudan-nukite) extends diagonally forward. (facing west)

En Sanchindachi droit, la main droite tire à l'aisselle droite, alors que la main gauche frappe en Chudan-nukite devant en diagonale. (regard vers l'ouest)

㊻ 挙動 Move/Mouvement

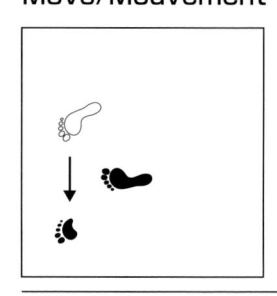

右足を左横に交差させる。　　目付西。

The right leg moves across to the south to rotate. (facing west)

La jambe droite croise devant la jambe gauche. (regard vers l'ouest)

㊼ 挙動 Move/Mouvement

東に向きを変え左三戦立ちとなり、左手を右腰に引き（甲下）右手を左手上に引く（甲上）。左右ともに開手。回し受けに入る準備を行う。　　目付東。

Turn 180° into left Sanchindachi, the right arm is vertical and the left arm horizontal, both hands opened while preparing for Mawashi-uke. (facing east)

Tourner 180° vers l'est en Sanchindachi gauche, la main droite (Ura-uke) bloque sur le côté droit, la main gauche tire à l'aisselle gauche. (regard vers l'est)

㊽ 挙動 Move/Mouvement

回し受けを行う。　　目付東。

In left Sanchindachi, blocking Mawashi-uke. (facing east)

En Sanchindachi gauche, bloquer Mawashi-uke. (regard vers l'est)

スーパーリンペイ 糸東流　Super Rinpei

㊾

挙動
Move/Mouvement

両手首を垂直にし前方に伸ばし、右手は顎、左手は金的の位置。 目付東。

In left Sanchindachi, both hands extend while aligned vertically, the right hand at chin height and the left hand in front of the Kinteki. (facing east)

En Sanchindachi gauche, les deux mains s'étendent tout en s'alignant à la verticale, la main droite à hauteur du menton, la main gauche devant le Kinteki. (regard vers l'est)

㊿

挙動
Move/Mouvement

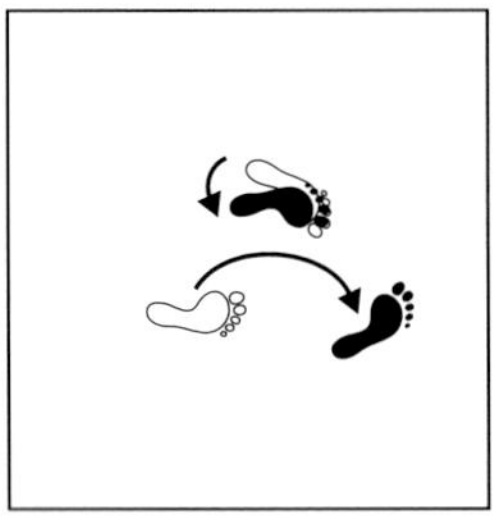

右足を前方に進め右三戦立ちとなり、右手を左腰に引き（甲下）左手を右手上に引く（甲上）。左右ともに開手。回し受けに入る準備を行う。 目付東。

The right leg steps forward into right Sanchindachi, the left arm is vertical and the left arm square, both hands opened while preparing for Mawashi-uke. (facing east)

La jambe droite avance d'un pas en Sanchindachi droit, les deux mains ouvertes, le dos de la main gauche tire à la verticale sur le côté gauche et le bras droit est à l'angle gauche horizontalement se préparant pour Mawashi-uke. (regard vers l'est)

(51)

挙動
Move/Mouvement

回し受けを行う。 目付東。

In right Sanchindachi, blocking Mawashi-uke. (facing east)

En Sanchindachi droit, bloquer Mawashi-uke. (regard vers l'est)

(52)

挙動
Move/Mouvement

両手首を垂直にし前方へ伸ばし、左手は顎、右手は金的の位置。 目付東。

In right Sanchindachi, both hands extend while aligned vertically, the left hand at chin height and the right hand in front of the Kinteki. (facing east)

En Sanchidachi droit, les deux mains s'étendent devant tout en s'alignant à la verticale, la main gauche à hauteur du menton, la main droite devant le Kinteki. (regard vers l'est)

㊼

挙動
Move/Mouvement

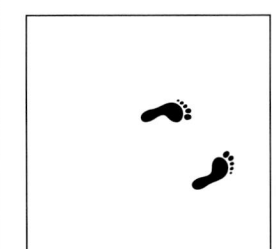

右手は右裏受けを行い、左手は左脇に引く。　　目付東。

In right Sanchindachi, the right hand(Ura-uke) blocks to the side, the left hand pulls back to the armpit.　(facing east)

En Sanchindachi droit, la main droite(Ura-uke) bloque sur le côté droit, la main gauche tire à l'aisselle gauche.
(regard vers l'est)

㊄

挙動
Move/Mouvement

その位置で右掛け受け。　　目付東。

The right hand performs with Kake-uke.　(facing east)

En Sanchindachi droit, la main droite exécute ensuite Kake-uke.　(regard vers l'est)

㊇

挙動
Move/Mouvement

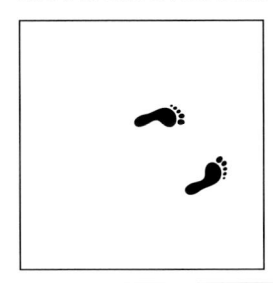

右手を右脇に引き、左手で右斜め前に貫手。　目付東。

In right Sanchindachi, the right hand pulls back to the armpit as the left hand(Chudan-nukite) extends diagonally forward.　(facing east)

En Sanchindachi droit, la main droite tire à l'aisselle droite, alors que la main gauche frappe en Chudan-nukite devant en diagonale.　(regard vers l'est)

㊌

挙動
Move/Mouvement

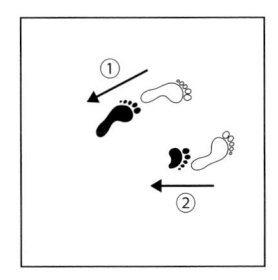

左足を西方向へ引き、右猫足立ちとなり、回し受けを行う。
目付東。

The left leg drops down into right Nekoashidachi, blocking Mawashi-uke.　(facing east)

La jambe gauche se fléchit en Nekoashidachi droit, les deux mains effectuent la rotation, la main gauche orientée vers le haut, la main droite orientée vers le bas, bloquant Mawashi-uke.
(regard vers l'est)

(57)

挙動
Move/Mouvement

両手首を垂直にし前方に伸ばし、左手は顎、右手は金的の位置。 目付東。

In right Nekoashidachi, both hands extend forward, the left hand at chin height and the right hand in front of the Kinteki. (facing east)

En Nekoashidachi droit, les deux mains s'étendent devant, la main gauche à hauteur du menton et la main droite devant le Kinteki. (regard vers l'est)

(58)

挙動
Move/Mouvement

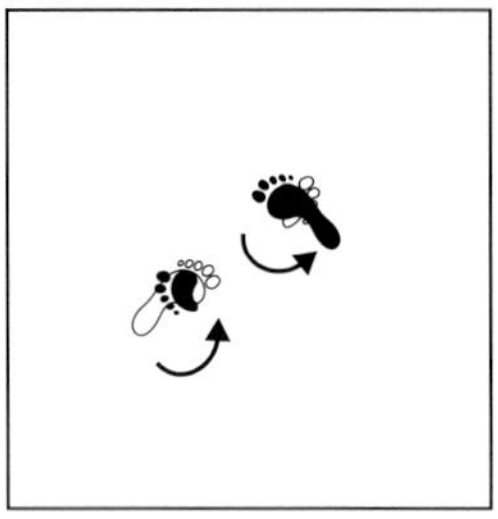

東から西へその場で180°回転し、左猫足立ちとなり、回し受けを行う。 目付西。

Turn 180° into left Nekoashidachi, blocking Mawashi-uke. (facing west)

Tourner à 180° en Nekoashidachi gauche, les deux mains effectuent la rotation, la main droite orientée vers le haut, la main gauche orientée vers le bas, bloquant Mawashi-uke. (regard vers l'ouest)

(59)

挙動
Move/Mouvement

両手首を垂直にし前方に伸ばし、右手は顎、左手は金的の位置。 目付西。

In left Nekoashidachi, both hands extend forward, the right hand at chin height and the left hand in front of the Kinteki. (facing west)

En Nekoashidachi gauche, les deux mains s'étendent devant, la main droite à hauteur du menton, la main gauche devant le Kinteki. (regard vers l'ouest)

(60)

挙動
Move/Mouvement

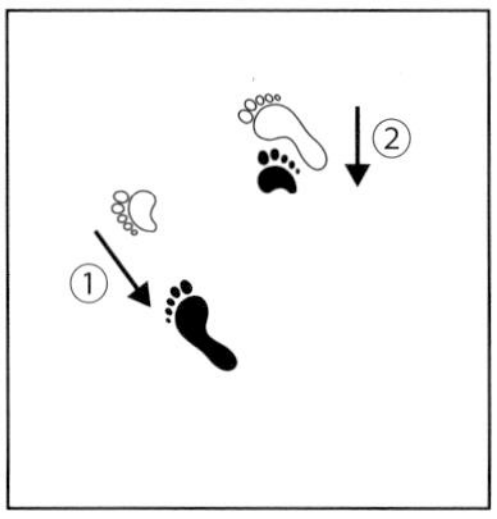

左足を南東へ引き、右猫足立ちとなり、回し受けを行う。 目付北。

The left leg moves to the south-east, turning 90° into right Nekoashidachi, blocking Mawashi-uke. (facing north)

La jambe gauch se déplace vers le sud/est, tournant à 90° en Nekoashidachi droit, les deux mains effectuent la rotation, la main gauche orientée vers le haut, la main droite orientée vers le bas, bloquant Mawashi-uke. (regard vers le nord)

㉑ 挙動 Move/Mouvement

両手首を垂直にし前方に伸ばし、左手は顎、右手は金的の位置。　　目付北。

In right Nekoashidachi, both hands extend forward, the left hand at chin height and the right hand in front of the Kinteki. (facing north)

En Nekoashidachi droit, les deux mains s'étendent devant, la main gauche à hauteur du menton et la main droite devant le Kinteki. (regard vers le nord)

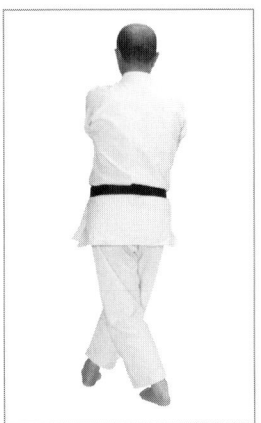

㉒ 挙動 Move/Mouvement

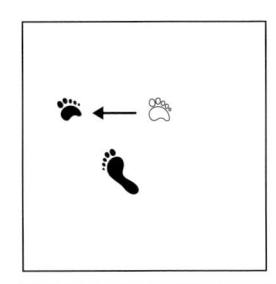

右足を左横に交差させる。　　目付北。

The right leg moves across to the west to rotate 180°. (facing north)

De Nekoashidachi droit, la jambe droite croise devant la jambe gauche vers l'ouest pour tourner 180°. (regard vers le nord)

㉓ 挙動 Move/Mouvement

南を向き左三戦立ちとなり、両手を両脇に引き込む。　　目付南。

In left Sanchindachi, both hands pull back to the armpits. (facing south)

Se mettre Sanchindachi gauche, la jambe droite tourne face au sud, les deux mains tirent aux aisselles. (regard vers le sud)

㉔ 挙動 Move/Mouvement

引き込んだ両手を前に伸ばし、双手突き（左中段受け、右上段突き）を行う。　　目付南。

In left Sanchindachi, the hands extend forward with double punch Morote-zuki (left Chudan-uke, right Jodan-zuki). (facing south)

En Sanchindachi gauche, les mains frappent devant avec un double coup de poings en Morote-zuki (la main gauche Chudan-uke, la main droite Jodan-zuki). (regard vers le sud)

スーパーリンペイ 糸東流　Super Rinpei　89

㊵

挙動
Move/Mouvement

右足を前方に進め、右三戦立ちとなり、右手下段払い。
　　　　　　　　　　　　　　　　　　目付南。

The right leg steps forward into right Sanchindachi, the right hand blocks Gedan-barai.　　　　　　　　(facing south)

La jambe droite avance d'un pas en Sanchindachi droit, la main droite bloque Gedan-barai.　　　(regard vers le sud)

㊻

挙動
Move/Mouvement

左手で中段を突く。　　　　　　　　　　　目付南。

In right Sanchindachi, the left hand punches Chudan-zuki.
　　　　　　　　　　　　　　　　　　(facing south)

En Sanchindachi droit, la main gauche frappe Chudan-zuki.
　　　　　　　　　　　　　　　(regard vers le sud)

㊼

挙動
Move/Mouvement

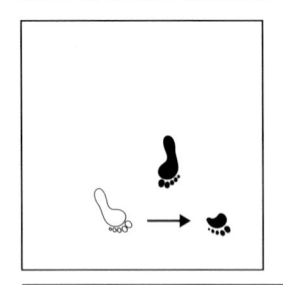

右足を左横に交差させる。　　　　　　　目付南。

The right leg moves across to the east to rotate 180°.
　　　　　　　　　　　　　　　　　　(facing south)

La jambe droite croise devant la jambe gauche vers l'est pour tourner à 180°.　　　　　　　　(Regard vers le sud)

㊽

挙動
Move/Mouvement

北を向き左三戦立ちとなり、両手を両脇に引き込む。
　　　　　　　　　　　　　　　　　　目付北。

In left Sanchindachi, both hands pull back to the armpits.
　　　　　　　　　　　　　　　　　　(facing north)

En Sanchindachi gauche, les deux mains tirent aux aisselles.
　　　　　　　　　　　　　　　(regard vers le nord)

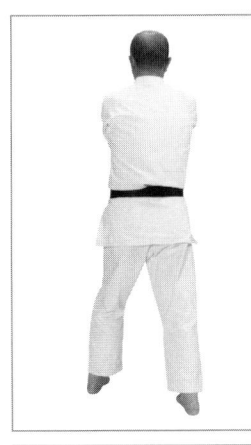

㊻

挙動
Move/Mouvement

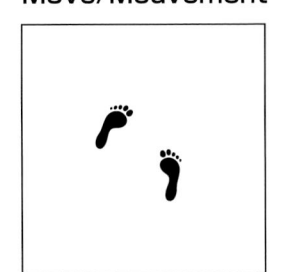

引き込んだ両手を前方に伸ばし、双手突き（左中段受け、右上段突き）を行う。　　　　　　　　　　　　　目付北。

In left Sanchindachi, the hands extend forward with double punch Morote-zuki(left Chudan-uke, right Jodan-zuki).
(facing north)

En Sanchindachi gauche, les deux mains frappent Morote-zuki (la main gauche en Chudan-uke, la main droite en Jodan-zuki).　　　　(regard vers le nord)

㊼

挙動
Move/Mouvement

右足を前方に進め、右三戦立ちとなり、右手下段払い。
目付北。

The right leg steps forward into right Sanchindachi, the right hand blocks Gedan-barai.　　　　　　　　(facing north)

La jambe droite avance d'un pas en Sanchindachi droit, la main droite bloque Gedan-barai, la main gauche frappe Chudan-zuki.　　　　　　　　(regard vers le nord)

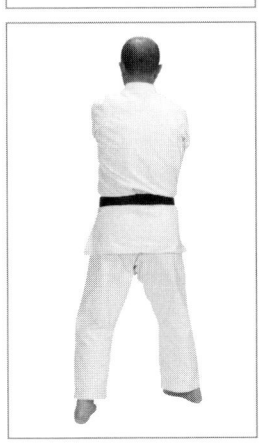

㊽

挙動
Move/Mouvement

左手で中段を突く。　　　　　　　　　　　　　　目付北。

In right Sanchindachi, the left hand punches Chudan-zuki.
(facing north)

En Sanchindachi droit, la main gauche frappe Chudan-zuki.
(regard vers le nord)

㊾

挙動
Move/Mouvement

西を向き左三戦立ちとなり、両手を両脇に引き込む。
目付西。

The right leg steps to the west turning 90° into left Sanchindachi, both hands pull back to the armpits.
(facing west)

La jambe droite se déplace vers l'ouest tournant à 90° en Sanchindachi gauche, les deux mains tirent aux aisselles.
(regard vers l'ouest)

スーパーリンペイ 糸東流　Super Rinpei　91

⑦③

挙動
Move/Mouvement

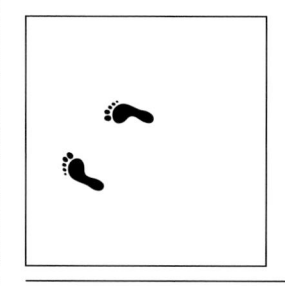

引き込んだ両手を前方に伸ばし、双手突き（左中段受け、右上段突き）を行う。　　　　　　　　　目付西。

In left Sanchindachi, the hands extend forward with double punch Morote-zuki(left Chudan-uke, right Jodan-zuki).
(facing west)

En Sanchindachi gauche, les deux mains frappent Morote-zuki(la main gauche Chudan-uke, la main droite Jodan-zuki).　　(regard vers l'ouest)

⑦④

挙動
Move/Mouvement

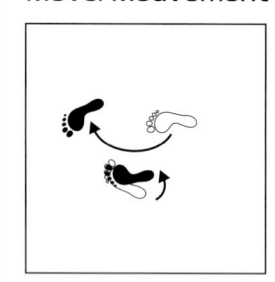

右足を前方に踏み込み、右三戦立ちとなり、右手下段払い。目付西。

The right leg steps forward into right Sanchindachi, the right hand blocks Gedan-barai.　　(facing west)

La jambe droite avance d'un pas en Sanchindachi droit, la main droite bloque Gedan-barai.　(regard vers l'ouest)

⑦⑤

挙動
Move/Mouvement

左手で中段を突く。　　　　　　　　　　　目付西。

In right Sanchindachi, the left hand punches Chudan-zuki.
(facing west)

En Sanchindachi droit, la main gauche frappe Chudan-zuki.
(regard vers l'ouest)

⑦⑥

挙動
Move/Mouvement

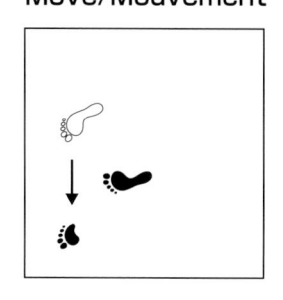

右足を左横に交差させる。　　　　　　　　目付西。

The right leg moves across to the east to rotate 180°.
(facing west)

La jambe droite croise devant la jambe gauche vers l'est pour tourner à 180°.　(regard vers l'ouest)

⑦⑦ 挙動 Move/Mouvement

東を向き、両手を両脇に引き込む。　　　　　目付東。

In left Sanchindachi, both hands pull back to the armpits.
(facing east)

En Sanchindachi gauche, les deux mains tirent aux aisselles.
(regard vers l'est)

⑦⑧ 挙動 Move/Mouvement

引き込んだ両手を前方に伸ばし、双手突き（左中段受け、右上段突き）を行う。　　　　　　　　　目付東。

In left Sanchindachi, the hands extend forward with double punch Morote-zuki(left Chudan-uke, right Jodan-zuki).
(facing east)

En Sanchindachi gauche, les deux mains frappent Morote-zuki(la main gauche Chudan-uke, la main droite Jodan-zuki).
(regard vers l'est)

⑦⑨ 挙動 Move/Mouvement

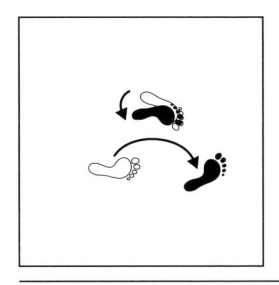

右足を前方に進め、右三戦立ちとなり、右手下段払い。
目付東。

The right leg steps forward into right Sanchindachi, the right hand blocks Gedan-barai.
(facing east)

La jambe droite avance d'un pas en Sanchindachi droit, la main droite bloque Gedan-barai.
(regard vers l'est)

⑧⓪ 挙動 Move/Mouvement

左手で中段を突く。　　　　　　　　　　　目付東。

In right Sanchindachi, the left hand punches Chudan-zuki.
(facing east)

En Sanchindachi droit, la main gauche frappe Chudan-zuki.
(regard vers l'est)

スーパーリンペイ 糸東流 Super Rinpei

⑧1 挙動 / Move/Mouvement

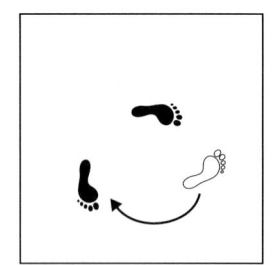

右足を後ろへ移動し、北東に向き四股立ちとなり、左手開手で中段に受け右手を水月前に引く。　　　　　目付北東。

The right leg moves backwards and the left slightly forward into Shikodachi facing the north-east, both hands open with the left blocking Chudan-ura-uke and the right pulling back horizontally in front of the solar plexus.　(facing north-east)

La jambe droite se déplace vers l'arrière et la gauche légèrement vers l'avant en Shikodachi face au nord-est, les deux mains s'ouvrent avec la gauche, bloquant Chudan-ura-uke et la droite tirant en arrière horizontalement devant le plexus solaire.　(regard vers le nord-est)

⑧2 挙動 / Move/Mouvement

左手で下段を抑える（右手水月前）。　　　　　　目付北東。

In Shikodachi, the left hand blocks Gedan-osae-uke, the right arm is in front of the solar plexus.　(facing north-east)

En Shikodachi, la main gauche bloque Gedan-osae-uke, la main droite est devant le plexus solaire.
　(regard vers le nord-est)

⑧3 挙動 / Move/Mouvement

右足を前方（北東）に踏み込み、右手一本拳で下段を突く（左手水月前）。　　　　　　　　　　目付北東。

The right leg steps forward in Shikodachi, the right hand strikes Gedan-ippon-ken. The left arm is in front of the solar plexus.　(facing north-east)

La jambe droite avance d'un pas en Shikodachi, la main droite frappe Gedan-ippon-ken, la main gauche est devant le plexus solaire.　(regard vers le nord-est)

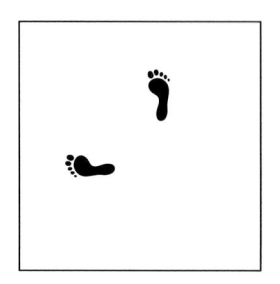

⑧4 挙動 / Move/Mouvement

両手を開手にし、顎の下まで内側に引き寄せる。目付北東。

In Shikodachi, both hands open and pull together up under the chin.　(facing north-east)

En Shikodachi, les deux mains s'ouvrent et tirent ensemble vers le haut jusqu'au niveau du menton.
　(regard vers le nord-est)

⑧⑤ **挙動** Move/Mouvement

両手正拳で下段払い。　　　　　　　　　　目付北東。

In Shikodachi, both hands clench and block double Gedan-barai to either sides.　　(facing north-east)

En Shikodachi, les deux mains serrent les poings et bloquent Gedan-barai de chaque côté.　(regard vers le nord-est)

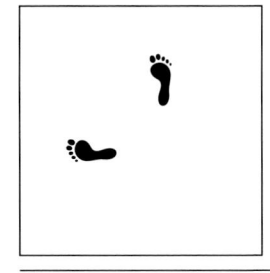

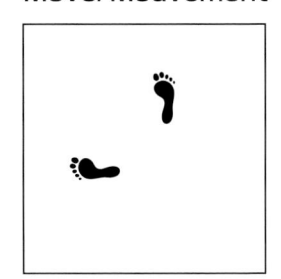

⑧⑥ **挙動** Move/Mouvement

南西に向き左手開手で中段に受け、右手を水月前に引く。
　　　　　　　　　　　　　　　　　　　目付南西。

In Shikodachi facing south-west, both hands open with the left blocking Chudan-ura-uke and the right pulling back horizontally in front of the solar plexus.　(facing south-west)

Tourner face au sud-ouest en Shikodachi, les deux mains s'ouvrent avec la gauche bloquant Chudan-ura-uke et la droite tirant en arriére horizontalement devant le plexus solaire.　　　　　　　　(regard vers le sud-ouest)

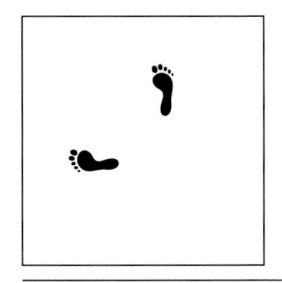

⑧⑦ **挙動** Move/Mouvement

左手で下段を抑える（右手水月前）。　　　　目付南西。

In Shikodachi, the left hand blocks Gedan-osae-uke, the right arm is in front of the solar plexus.　(facing south-west)

En Shikodachi, la main gauche bloque Gedan-osae-uke, la main droite est devant le plexus solaire.
　　　　　　　　　　　　　　(regard vers le sud-ouest)

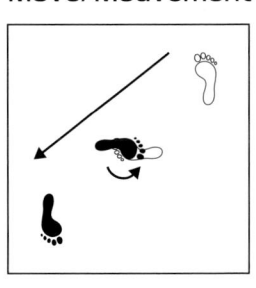

⑧⑧ **挙動** Move/Mouvement

右足を前方に踏み込み、右手一本拳で下段を突く（左手水月前）。　　　　　　　　　　　　　　　目付南西。

The right leg steps forward in Shikodachi, the right hand strikes Gedan-ippon-ken, the left arm is in front of the solar plexus.　　　　　　　　　　　　(facing south-west)

La jambe droite avance d'un pas en Shikodachi, la main droite frappe Gedan-Ippon-ken, la main gauche est devant le plexus solaire.　　　(regard vers le sud-ouest)

スーパーリンペイ 糸東流　Super Rinpei

(89)

挙動
Move/Mouvement

両手を開手にし、顎の下まで内側に引き寄せる。目付南西。

In Shikodachi both hands open and pull together up under the chin. (facing south-west)

En Shikodachi, les deux mains s'ouvrent et tirent ensemble vers le haut jusqu'au niveau du menton. (regard vers le sud-ouest)

(90)

挙動
Move/Mouvement

両手正拳で下段払い。 目付南西。

In Shikodachi, both hands clench and block double Gedan-barai to either sides. (facing south-west)

En Shikodachi, les deux mains serrent les poings et bloquent Gedan-barai de chaque côté. (regard vers le sud-ouest)

(91)

挙動
Move/Mouvement

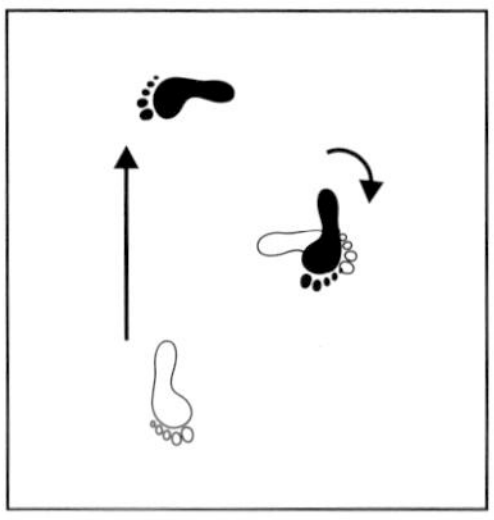

右足を後ろ（北）へ移動させ四股立ち、左手開手で中段に受け、右手を水月前に引く。 目付南東。

Turn to face south-east, in Shikodachi, both hands open with the left blocking Chudan-ura-uke and the right pulling back horizontally in front of the solar plexus. (facing south-east)

La jambe droite recule vers le nord pour tourner face au sud-est en Shikodachi, les deux mains s'ouvrent avec la gauche qui bloque Chudan-ura-uke et la droite qui tire en arrière horizontalement. (regard vers le sud-est)

(92)

挙動
Move/Mouvement

左手で下段を抑える（右手水月前）。 目付南東。

In Shikoashidachi, the left hand blocks Gedan-osae-uke, the right arm is in front of the solar plexus. (facing south-east)

En Shikodachi, la main gauche bloque Gedan-osae-uke, la main droite est devant le plexus solaire. (regard vers le sud-est)

㉓

挙動
Move/Mouvement

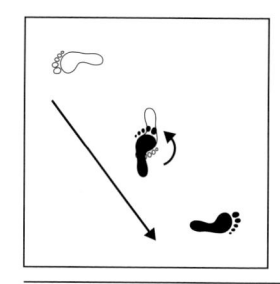

右足を前方に踏み込み、右手一本拳で下段を突く（左手水月前）。　　目付南東。

The right leg steps forward in Shikodachi, the right hand strikes Gedan-ippon-ken, the left arm is in front of the solar plexus. (facing south-east)

La jambe droite avance d'un pas en Shikodachi, la main droite frappe Gedan-ippon-ken, la main gauche est devant le plexus solaire. (regard vers le sud-est)

㉔

挙動
Move/Mouvement

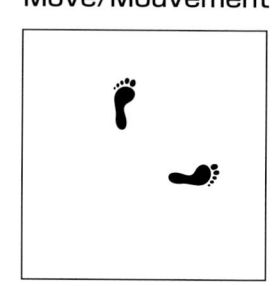

両手を開手にし、顎の下に内側に引き寄せる。目付南東。

In Shikodachi, both hands open and pull together up under the chin. (facing south-east)

En Shikodachi, les deux mains s'ouvrent et tirent ensemble vers le haut jusqu'au niveau du menton.
(regard vers le sud-est)

㉕

挙動
Move/Mouvement

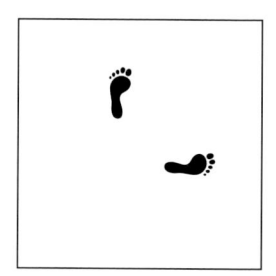

両手正拳で下段払い。　　　　　　　　　　目付南東。

In Shikodachi, both hands clench and block double Gedan-barai to either sides. (facing south-east)

En Shikodachi, les mains serrent les poings et bloquent Gedan-barai de chaque côté. (regard vers le sud-est)

㉖

挙動
Move/Mouvement

北西に向き、左手開手で中段に受け、右手を水月前に引く。
目付北西。

Facing north-west in the same position, both hands open with the left blocking Chudan-ura-uke and the right pulling back horizontally in front of the solar plexus.
(facing north-west)

Tourner face au nord-ouest en Shikodachi, les deux mains s'ouvrent avec la gauche qui bloque Chudan-ura-uke et la droite qui tire en arrière horizontalement devant le plexus solaire. (regard vers le nord-ouest)

スーパーリンペイ　糸東流　Super Rinpei

㉗ 挙動 Move/Mouvement

左手で下段を抑える（右手水月前）。　　目付北西。

In Shikodachi, the left hand blocks Gedan-osae-uke, the right arm is in front of the solar plexus.　(facing north-west)

En Shikodachi, la main gauche bloque Gedan-osae-uke, la main droite est devant le plexus solaire.
(regard vers le nord-ouest)

㉘ 挙動 Move/Mouvement

右足を前方に踏み込み、右手一本拳で下段を突く（右手水月前）。　　目付北西。

The right leg steps forward in Shikodachi, the right hand strikes Gedan-ippon-ken, the left arm is in front of the solar plexus.　(facing north-west)

La jambe droite avance d'un pas en Shikodachi, la main droite frappe Gedan-ippon-ken, la main gauche est devant le plexus solaire.　(regard vers nord-ouest)

㉙ 挙動 Move/Mouvement

両手を開手にし、顎の下に内側に引き寄せる。　目付北西。

In Shikodachi, both hands open and pull together up under the chin.　(facing north-west)

En Shikodachi, les deux mains s'ouvrent et tirent ensemble vers le haut jusqu'au niveau du menton.
(regard vers le nord-ouest)

⑩⓪ 挙動 Move/Mouvement

両手正拳で下段払い。　　目付北西。

In Shikodachi, both hands clench and block double Gedan-barai to either sides.　(facing north-west)

En Shikodachi, les mains serrent les poings et bloquent Gedan-barai de chaque côté.　(regard vers nord-ouest)

⑩1

挙動
Move/Mouvement

前足を引き正面を向き、基立ちとなり左手で下段を抑え、右手を正拳で右脇に引く。　　　　　　　　　　目付南。

Turn to the front (south) in left Motodachi, the left hand blocks Gedan-osae-uke, the right fist pulls back to the armpit.　　　　　　　　　　　　　　(facing south)

Se tourner vers l'avant en Motodachi, la main gauche bloque Gedan-osae-uke, le poing droit tire à l'aissell droite.
　　　　　　　　　　　　　　(regard vers le sud)

⑩2

挙動
Move/Mouvement

右足を前方に進め右三戦立ちとなり、両手を開手し、右手で中段掛け受け、左手を左脇に引き寄せる。　目付南。

The right leg steps forward into right Sanchindachi, both hands open with the right hand performing Chudan-kake-uke and the left pulling back to the armpit.　(facing south)

La jambe droite avance d'un pas en Sanchindachi droit la main droite exécute Chudan-kake-uke et la main gauche ouverte tire à l'aisselle gauche.　(regard vers le sud)

⑩3

挙動
Move/Mouvement

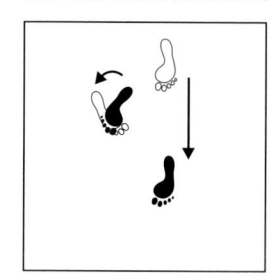

前方に左足で踏み込み、前屈立ちとなる。左手で顔面の位置に伸ばす。右手は右腿部側。　　　　目付南。

The left leg steps forward into left Zenkutsudachi, the left hand(Shoutei) extends forward at face height, the right hand pulls down to beside the thigh.　(facing south)

La jambe gauche avance en Zenkutsudachi gauche, la main gauche(Shoutei) frappe devant à hauteur du visage, la main droite tire vers le bas jusque sur le côté de la cuisse.
　　　　　　　　　　　　　　(regard vers le sud)

⑩4

挙動
Move/Mouvement

右足で前方に蹴り込む。　　　　　　　　　目付南。

From the same position, the right leg kicks Chudan-mae-geri.　　　　　　　　　　　(facing south)

En même position, la jambe droite frappe Chudan-mae-geri.　　　　　　　　(regard vers le sud)

スーパーリンペイ 糸東流　Super Rinpei　99

⑤ 挙動 Move/Mouvement

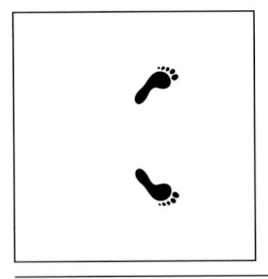

蹴り込んで足を前方に下ろし四股立ちとなり、左手は開いて、右拳は甲を上にして左前腕内側に右肘当てする。
　　　　　　　　　　　　　　　　　　　　目付南。

In Shikodachi, the right elbow Hijiate(palm down) strikes into the inside of the open left hand forearm. (facing south)

Se mettre en Shikodachi, le coude droit(paume vers le bas/Hijiate) frappe dans la main gauche ouverte.
(regard vers le sud)

⑥ 挙動 Move/Mouvement

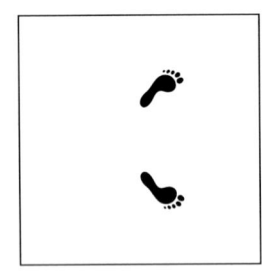

右手で上段裏拳を行う。　　　　　　　　目付南。

In Shikodachi, the right hand strikes Jodan-ura-ken, the left hand pulls back to the side. (facing south)

En Shikodachi, la main droite frappe Jodan-ura-ken, la main gauche tire à l'aisselle gauche. (regard vers le sud)

⑦ 挙動 Move/Mouvement

左中段鉤突き。　　　　　　　　　　　　目付南。

In Shikodachi, the right hand pulls back to the armpit, the left fist (Chudan-kagi-zuki) strikes horizontally forward (south). (facing south)

En Shikodachi, la main droite tire à l'aisselle droite, la main gauche(Kagi-zuki) frappe Chudan horizontalement devant.
(regard vers le sud)

⑧ 挙動 Move/Mouvement

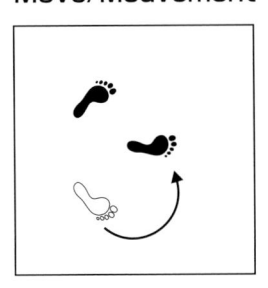

両手はそのままで、右足を左横に移動させる。　目付南。

Both hands remain still in position as the right leg steps across to the east to rotate 180°. (facing south)

Les deux mains restent dans cette position, alors que la jambe droite se déplace vers la l'est pour tourner 180°.
(regard vers le sud)

⑩

挙動
Move/Mouvement

北方向に向き、左三戦立ちとなる。左手で中段掛け受け、右手は右腿部側に下ろす。　　　　　　　　　　目付北。

In left Sanchindachi, the left open hand blocks Chudan-kake-uke, the right hand pulls down to beside the thigh.
(facing north)

En Sanchindachi gauche, la main gauche ouverte bloque Chudan-kake-uke, la main droite tire vers le bas jusque sur le côté de la cuisse. (regard vers le nord)

⑩

挙動
Move/Mouvement

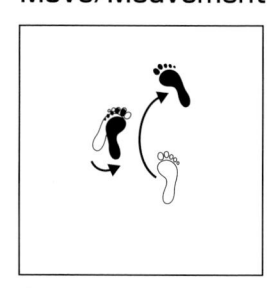

右足で前方に進み、右手で中段裏受け、左手は左腿部側に下ろす。　　　　　　　　　　目付北。

The right leg steps forward into right Sanchindachi, the right hand blocks Chudan-ura-uke, the left hand pulls down to beside the thigh. (facing north)

La jambe droite avance d'un pas en Sanchindachi droit, la main droite bloque Chudan-ura-uke, la main gauche tire vers le bas jusque sur le côté de la cuisse. (regard vers le nord)

⑪

挙動
Move/Mouvement

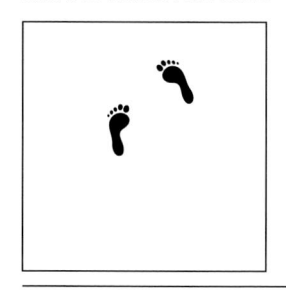

右手で中段掛け受けを行う。　　　　　　　　目付北。

In right Sanchidachi, the right hand performs Chudan-kake-uke. (facing north)

En Sanchindachi droit, la main droite exécute Chudan-kake-uke. (regard vers le nord)

⑫

挙動
Move/Mouvement

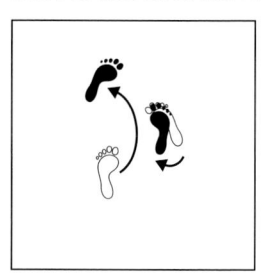

左足で前方に進み、左手で中段裏受け、右手は右腿部側に下ろす。　　　　　　　　　　目付北。

The left leg steps forward into left Sanchindachi, the left hand blocks Chudan-ura-uke, the right hand drops down to beside the thigh. (facing north)

La jambe gauche avance d'un pas en Sanchindachi gauche, la main gauche bloque Chudan-ura-uke, la main droite tire vers le bas jusque sur le côté de la cuisse.
(regard vers le nord)

⑬ **挙動** Move/Mouvement

左手で中段掛け受けを行う。　　　　　　目付北。

In left Sanchindachi, the left hand performs Chudan-kake-uke.　(facing north)

En Sanchindachi gauche, la main gauche exécute Chudan-kake-uke.　(regard vers le nord)

---

⑭ **挙動** Move/Mouvement

右足で前方に進み、右手で中段裏受け、左手は左腿部側に下ろす。　　目付北。

The right leg steps forward into right Sanchindachi, the right hand blocks Chudan-ura-uke, the left hand drops down to beside the thigh.　(facing north)

La jambe droite avance d'un pas en Sanchindachi droit, la main droite bloque Chudan-ura-uke, la main gauche tire vers le bas jusque sur le côté de la cuisse.　(regard vers le nord)

---

⑮ **挙動** Move/Mouvement

右手で中段掛け受けを行う。　　　　　　目付北。

In right Sanchindachi, the right hand performs Chudan-kake-uke.　(facing north)

En Sanchindachi droit, la main droite exécute Chudan-kake-uke.　(regard vers le nord)

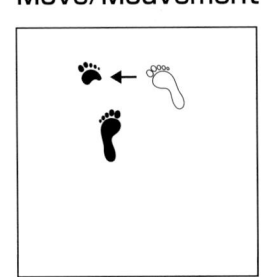

---

⑯ **挙動** Move/Mouvement

両手はそのままで、右足を左横に移動させる。　目付北。

Both hands remain in the same position as the right leg steps across to the west to rotate.　(facing north)

Les deux mains restent dans cette position, alors que la jambe droite se déplace en croisant vers l'ouest pour tourner.　(regard vers le nord)

⑰ 挙動 Move/Mouvement

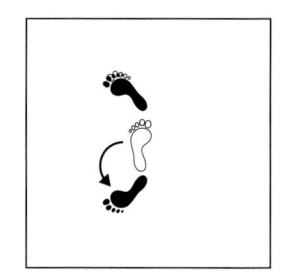

四股立ちとなり、左手で中段裏受け、右手は真直ぐに引く（水月前）。　目付南。

Turn into left Shikodachi, the left open hand blocks Chudan-ura-uke, the right hand pulls straight back in front of the solar plexus. (facing south)

Se mettre en Shikodachi, la main gauche ouverte bloque Chudan-ura-uke, la main droite tire tout droit en arrière devant le plexus solaire. (regard vers le sud)

⑱ 挙動 Move/Mouvement

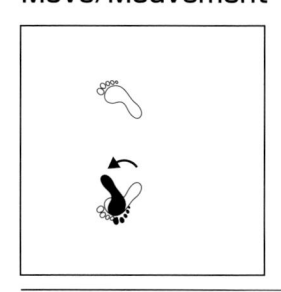

左手に右足を当てる。　目付南。

From Shikodachi, the right leg (Namigaeshi) strikes into the left hand to turn 360°. (facing south)

De Shikodachi, la jambe droite (Namigaeshi) frappe dans la main gauche pour faire un tour complet à 360°. (regard vers le sud)

⑲ 挙動 Move/Mouvement

左廻りでもとの位置に戻り、左三戦立ちとなり、左手は甲を上にして水月前に前腕を水平にして構える。　目付南。

In left Sanchindachi, with the left arm in Kamae horizontally in front of the solar plexus palm down, the right hand pulls back to the armpit. (facing south)

Finir en Sanchindachi gauche, avec le bras gauche en Kamae horizontalement devant le buste, paume vers le bas. La main droite tire à l'aisselle droite. (regard vers le sud)

⑳ 挙動 Move/Mouvement

両手はそのままで、左足をかかえこむ。　目付南。

Both hands remain the same position, as the left leg lifts up for Nidan-tobi-geri. (facing south)

Les deux mains restent dans la même position, alors que la jambe gauche se lève pour Nidan-tobi-geri. (regard vers le sud)

スーパーリンペイ　糸東流　Super Rinpei　103

(121)

挙動
Move/Mouvement

右足で中段蹴り。 目付南。

The right leg kicks Chudan-geri. (facing south)

La jambe droite frappe Chudan-geri. (regard vers le sud)

(122)

挙動
Move/Mouvement

右足を前方に下ろし四股立ちとなり、左手は開いて、右拳は甲を上にして左前腕内側に右肘当てする。 目付南。

The right leg drops down into Shikodachi, the right elbow (Hijiate/palm down) strikes into the inside of the open left hand forearm. (facing south)

La jambe droite se rabaisse en Shikodachi, le coude droit (Hijiate/paume vers le bas) frappe dans la main gauche ouverte. (regard vers le sud)

(123)

挙動
Move/Mouvement

右手で上段裏拳。 目付南。

In Shikodachi, the right hand strikes Jodan-ura-ken, the left hand pulls back to the side. (facing south)

En Shikodachi, la main droite frappe Jodan-ura-ken, la main gauche tire à l'aisselle gauche. (regard vers le sud)

(124)

挙動
Move/Mouvement

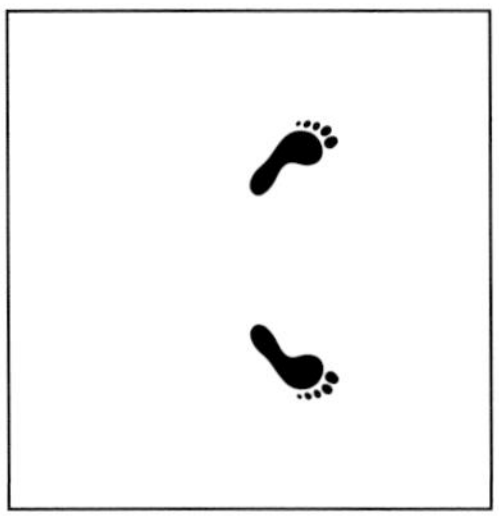

右拳を右脇に引き、左手で鉤突きをする。 目付南。

In Shikodachi, the right hand pulls back to the armpit, the left fist (Kagi-zuki)strikes horizontally forward (south). (facing south)

En Shikodachi, la main droite tire à l'aisselle droite, le poing gauche frappe (Kagi-zuki) horizontalement devant. (regard vers le sud)

(125)

挙動
Move/Mouvement

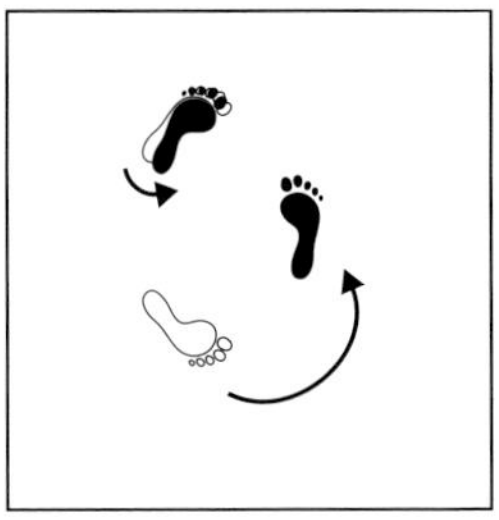

後ろを向き、左三戦立ちとなり、左手中段掛け受け、右手は開手で右脇に引く。 目付北。

Turn behind into left Sanchindachi, the left open hand performs Chudan-kake-uke, the right open hand pulls back to the armpit. (facing north)

Tourner vers l'arrière en Sanchindachi gauche, la main gauche ouverte exécute Chudan-kake-uke, la main droite ouverte tire à l'aisselle droite. (regard vers le nord)

(126)

挙動
Move/Mouvement

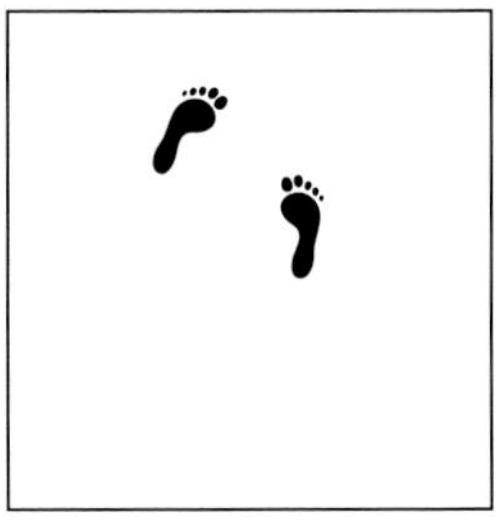

右手で貫手を打ち、左手は右手の肘の上。 目付北。

Sliding to forward into left Sanchindachi, the right arm (Nukite) extend straight forward horizontally with the left hand over the right elbow. (facing north)

En glissant Suriashi en Sanchindachi gauche, le bras droit frappe en Chudan-nukite tout droit devant horizontalement avec la main gauche par-dessus le coude droit. (regard vers le nord)

(127)

挙動
Move/Mouvement

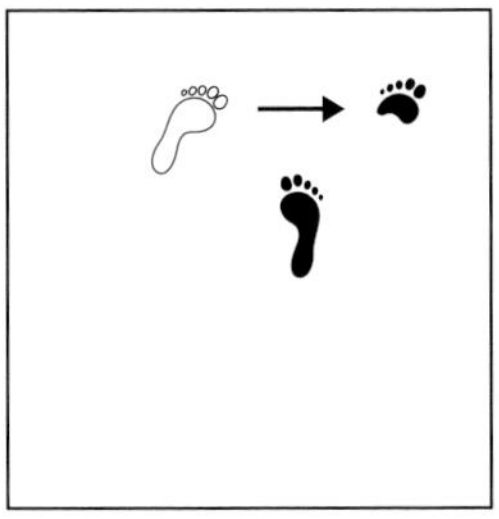

両手はそのままで、左足を右横に交差させる。 目付北。

The arms remain in the same position as the left leg steps across to the east to rotate. (facing north)

Les bras restent dans la même position, alors que la jambe gauche se déplace en croisant vers l'est pour tourner. (regard vers le nord)

(128)

挙動
Move/Mouvement

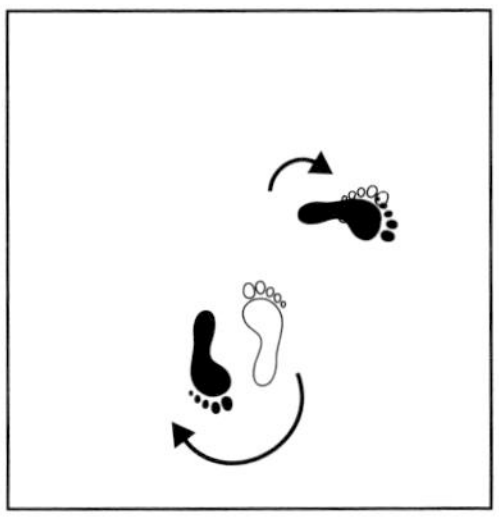

四股立ち、右上段、左中段の狐拳受け。 目付南。

Turn into Shikodachi diagonally, both hands block Koken-uke(right hand above, left below). (facing south)

Se mettre en Shikodachi diagonalement, les deux mains bloquent Koken-uke(la main droite devant l'épaule, la main gauche devant le plexus solaire). (regard vers le sud)

⑫⑨ **挙動** Move/Mouvement

立ち方はそのままで、両手を重ねる（甲を下）。　目付南。

In the same stance, both opened hands put together (right up, left down) in front of the solar plexus(palms up).
(facing south)

En Shikodachi diagonalement, les mains(l'une (droite) sur l'autre(gauche) se rejoignent (paumes vers le haut)).
(regard vers le sud)

⑬⓪ **挙動** Move/Mouvement

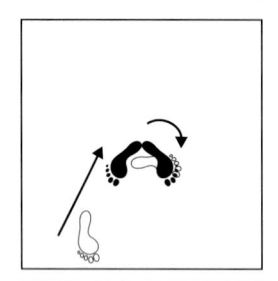

結び立ちとなり、両手は開手で金的の前の位置。　目付南。

Return to Musubidachi, both hands open, left hand on top, (palms up) are in front of the Kinteki.
(facing south)

Revenir en Musubidachi, les deux mains, ouvertes, l'une (gauche) sur l'autre(droite), devant le Kinteki.
(regard vers le sud)

⑬① **直立** Stand/Debout

両手を両大腿部外側につけて、それぞれ伸ばす。目付南。

In Musubidachi, both hands extend to the side of the thighs.
(facing south)

En Musubidachi, les deux mains s'étendent sur le côté des cuisses.
(regard vers le sud)

百歩連
Becchurin

① 直立 Stand/Debout

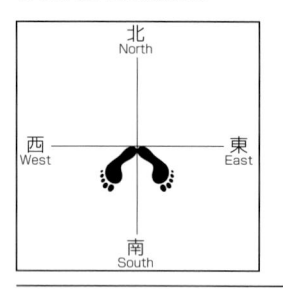

結び立ち。　　　　　　　　　　　　　　　　　　目付南。

Stand in Musubidachi, the hands open put together, left on top, in front of the Kinteki. (facing south)

Debout en Musubidachi avec les mains ouvertes l'une(gauche) sur l'autre(droite) devant le Kinteki. (regard vers le sud)

② 挙動 Move/Mouvement

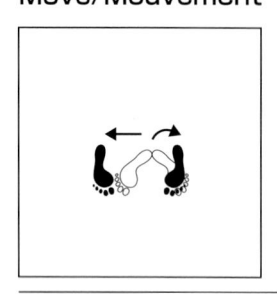

平行立ちとなり。　　　　　　　　　　　　　　　目付南。

Stand in Heikodachi, the hands are in the same position. (facing south)

Se mettre en Heikodachi, avec les mains ouvertes l'une(gauche) sur l'autre(droite) devant le Kinteki. (regard vers le sud)

③ 挙動 Move/Mouvement

息を吐きながら、両拳を体側へ。　　　　　　　目付南。

Still In Heikodachi, both fists move to the sides while exhaling. (facing south)

En Heikodachi, les deux poings se déplacent en se serrant et en expirant, les bras sur les côtés des cuisses. (regard vers le sud)

④ 挙動 Move/Mouvement

息を吸い右足を前進し、三戦立ちとなると同時に、息を吐きながらゆっくり両拳中段構え。　　　　　　目付南。

The right leg steps forward into right Sanchindachi while inhaling, both fists take slowly Chudan-kamae. (facing south)

La jambe droite avance d'un pas en Sanchindachi droit, tout en expirant, les deux poings se placent lentement en Chudan-kamae. (regard vers le sud)

⑤ 挙動 Move/Mouvement

息を吸いながら、左拳をゆっくり引く。　　　目付南。

In right Sanchindachi, the left fist pulls back slowly while inhaling. (facing south)

En Sanchindachi droit, le poing gauche tire lentement à la hanche tout en inspirant. (regard vers le sud)

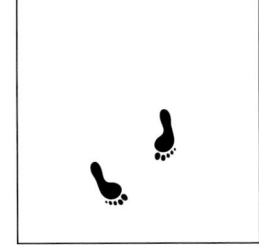

⑥ 挙動 Move/Mouvement

息を吐きながら、ゆっくり左中段突き。　　　目付南。

In right Sanchindachi, the left hand slowly punches Chudan-zuki while exhaling. (facing south)

En Sanchindachi droit, la main gauche frappe lentement Chudan-zuki tout en expirant. (regard vers le sud)

⑦ 挙動 Move/Mouvement

息を吸い、吐きながら、ゆっくり中段構え。　　　目付南。

In right Sanchindachi, inhale then exhale as both fists take slowly Chudan-kamae. (facing south)

En Sanchindachi droit, inspirer, puis expirer en même temps que les deux mains se placent en Chudan-kamae. (regard vers le sud)

⑧ 挙動 Move/Mouvement

左足を前進し、左三戦立ちとなる。　　　目付南。

The left leg steps forward into left Sanchindachi. (facing south)

La jambe gauche avance d'un pas en Sanchindachi gauche, en étant en Chudan-kamae. (regard vers le sud)

⑨ 挙動 / Move/Mouvement

息を吸いながら、右拳をゆっくり引く。　　目付南。

In left Sanchindachi, the right fist pulls back slowly while inhaling. (facing south)

En Sanchindachi gauche, le poing droit tire lentement à la hanche tout en inspirant. (regard vers le sud)

⑩ 挙動 / Move/Mouvement

息を吐きながら、ゆっくり右中段突き。　　目付南。

In left Sanchindachi, the right hand punches(Chudan-zuki) slowly while exhaling. (facing south)

En Sanchindachi gauche, la main droite frappe lentement Chudan-zuki tout en expirant. (regard vers le sud)

⑪ 挙動 / Move/Mouvement

息を吸い、吐きながら、ゆっくり中段構え。　目付南。

In left Sanchindachi, Inhale then exhale as both fists take slowly Chudan-kamae. (facing south)

En Sanchindachi gauche, inspirer, puis expirer en même temps que les deux mains se placent en Chudan-kamae. (regard vers le sud)

⑫ 挙動 / Move/Mouvement

右足を前進し、右三戦立ちとなる。　　目付南。

The right leg steps forward into right Sanchindachi. (facing south)

La jambe droite avance d'un pas en Sanchindachi droit, en étant en Chudan-kamae. (regard vers le sud)

⑬ 挙動 Move/Mouvement

息を吸いながら、左拳をゆっくり引く。　　　目付南。

In right Sanchindachi, the left fist pulls back slowly while inhaling. (facing south)

En Sanchindachi droit, le poing gauche tire lentement à la hanche tout en inspirant. (regard vers le sud)

⑭ 挙動 Move/Mouvement

息を吐きながら、ゆっくり左中段突き。　　　目付南。

In right Sanchindachi, the left hand punches slowly Chudan-zuki while exhaling. (facing south)

En Sanchindachi droit, la main gauche frappe lentement Chudan-zuki tout en expirant. (regard vers le sud)

⑮ 挙動 Move/Mouvement

息を吸い、吐きながら、ゆっくり中段構え。　　　目付南。

In right Sanchindachi, inhale then exhale as both fists take slowly Chudan-kamae. (facing south)

En Sanchindachi droit, inspirer, puis expirer en même temps que les deux mains se placent en Chudan-kamae. (regard vers le sud)

⑯ 挙動 Move/Mouvement

息を吸いながら、両手を胸部へ。　　　目付南。

In right Sanchindachi, both hands pull back to the chest while inhaling. (facing south)

En Sanchindachi droit, les deux mains tirent jusqu'au buste tout en inspirant. (regard vers le sud)

⑰ 挙動
Move/Mouvement

息を吐きながら、両手を左右に押し出す。　目付南。

In right Sanchindachi, both hands extend to either sides while exhaling.　(facing south)

En Sanchindachi droit, les deux mains s'étendent sur chaque côté tout en expirant.　(regard vers le sud)

⑱ 挙動
Move/Mouvement

右腰へ右手、左手をとり、受けに入る。　目付南。

In right Sanchindachi, the right hand moves to the right side, the left hand in Kamae then, blocks.　(facing south)

En Sanchindachi droit, la main droite se place sur le côté droit, la main gauche en Kamae pour bloquer.　(regard vers le sud)

⑲ 挙動
Move/Mouvement

左足を前進し左三戦立ちとなり、息を吸いながら回し受け。
目付南。

The left leg steps forward into left Sanchindachi, blocking Mawashi-uke while inhaling.　(facing south)

La jambe gauche avance d'un pas en Sanchindachi gauche, bloquant Mawashi-uke tout en inspirant.　(regard vers le sud)

⑳ 挙動
Move/Mouvement

息を吐きながら、ゆっくり両掌で虎の口。　目付南。

In left Sanchindachi, both hands slowly push forward (tiger's mouth) while exhaling.　(facing south)

En Sanchindachi gauche, les deux mains poussent lentement devant (gueule de tigre) tout en expirant.(regard vers le sud)

㉑ 挙動 Move/Mouvement

左腰へ左手、右手をとり、受けに入る。　　　目付南。

In left Sanchindachi, the left hand moves to the left side, the right hand in Kamae, then blocks. (facing south)

En Sanchindachi gauche, la main gauche se place sur le côté gauche, la main droite en Kamae pour bloquer.
(regard vers le sud)

㉒ 挙動 Move/Mouvement

右足を前進し右三戦立ちとなり、息を吸いながら回し受け。
目付南。

The right leg steps forward into right Sanchindachi, blocking Mawashi-uke while inhaling. (facing south)

La jambe droite avance d'un pas en Sanchindachi droit, bloquant Mawashi-uke tout en inspirant. (regard vers le sud)

㉓ 挙動 Move/Mouvement

息を吐きながら、ゆっくり両掌で虎の口。　　目付南。

In right Sanchindachi, both hands slowly push forward (tiger's mouth) while exhaling. (facing south)

En Sanchindachi droit, les deux mains poussent doucement devant(gueule de tigre) tout en expirant. (regard vers le sud)

㉔ 挙動 Move/Mouvement

息を吸いながら、右掛け受け。　　　　　　　目付南。

In right Sanchindachi, the right hand performs Kake-uke while inhaling. (facing south)

En Sanchindachi droit, la main droite exécute Kake-uke tout en inspirant. (regard vers le sud)

㉕ 挙動 Move/Mouvement

息を吐きながら、右掛け受けから左貫手。　　　目付南。

In right Sanchindachi, the right hand pulls back (Kake-uke) while exhaling, the left hand strikes Chudan-nukite.
(facing south)

En Sanchindachi droit, la main droite tire (Kake-uke) vers l'arrière tout en expirant, la main gauche frappe Chudan-nukite. (regard vers le sud)

㉖ 挙動 Move/Mouvement

右腰へ右手、左手をとり、受けに入る。　　　目付南。

In right Sanchindachi, the right hand moves to the right side, the left hand in Kamae, then blocks. (facing south)

En Sanchindachi droit, le bras droit se place sur le côté droit, la main gauche en Kamae pour bloquer. (regard vers le sud)

㉗ 挙動 Move/Mouvement

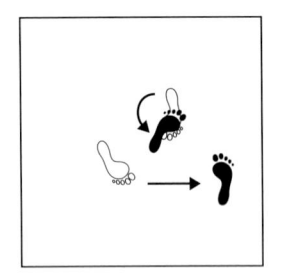

右足を左方向へ交差し、北方向に振り向き左三戦立ちとなり、息を吸いながら回し受け（挙動⑲）。　　目付北。

The right leg steps across to the east, then turn behind to the north into left Sanchindachi, blocking Mawashi-uke while inhaling. (facing north)

La jambe droite se déplace en croisant vers l'est, puis se tourner vers l'arrière en direction du nord en Sanchindachi gauche, en bloquant Mawashi-uke tout en inspirant.
(regard vers le nord)

㉘ 挙動 Move/Mouvement

息を吐きながら、ゆっくり両掌で虎の口（挙動⑳）。目付北。

In left Sanchindachi, both hands slowly push forward (tiger's mouth) while exhaling (see photo in Move 20). (facing north)

En Sanchindachi gauche, les deux mains poussent lentement devant (gueule de tigre) tout en expirant (voir mouvement 20). (regard vers le nord)

㉙ 挙動 Move/Mouvement

左腰へ左手、右手をとり、受けに入る（挙動㉑）。 目付北。

In left Sanchindachi, the left hand moves to the left side, the right hand in Kamae, then blocks (see photo in Move 21).
(facing north)

En Sanchindachi gauche, le bras gauche se place sur le côté gauche, la main droite en Kamae pour bloquer (voir mouvement 21). (regard vers le nord)

㉚ 挙動 Move/Mouvement

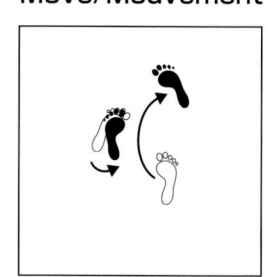

右足を前進し右三戦立ちとなり、息を吸いながら回し受け（挙動㉒）。 目付北。

The right leg steps forward into right Sanchindachi, blocking Mawashi-uke while inhaling (see photo in Move 22).
(facing north)

La jambe droite avance d'un pas en Sanchindachi droit, bloquant Mawashi-uke tout en inspirant (voir mouvement 22). (regard vers le nord)

㉛ 挙動 Move/Mouvement

息を吐きながら、ゆっくり両掌で虎の口（挙動㉓）。目付北。

In right Sanchindachi, both hands slowly push forward (tiger's mouth) while exhaling (see photo in Move 23). (facing north)

En Sanchindachi droit, les deux mains poussent lentement devant (gueule de tigre) tout en expirant (voir mouvement 23). (regard vers le nord)

㉜ 挙動 Move/Mouvement

息を吸いながら、右掛け受け（挙動㉔）。 目付北。

In right Sanchindachi, the right hand performs Kake-uke while inhaling (see photo in Move 24). (facing north)

En Sanchindachi droit, la main droite exécute Kake-uke tout en inspirant (voir mouvement 24). (regard vers le nord)

㉝ 挙動 Move/Mouvement

息を吐きながら、右掛け受けから左貫手（挙動㉕）。目付北。

In right Sanchindachi, the right hand pulls back (Kake-uke) while exhaling, the left hand strikes Chudan-nukite.
(facing north)

En Sanchindachi droit, en expirant, la main droite tire (Kake-uke)vers l'arrière et la main gauche frappe Chudan-nukite.
(regard vers le nord)

㉞ 挙動 Move/Mouvement

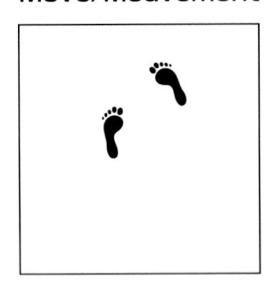

右腰へ右手、左手をとり、受けに入る（挙動㉖）。目付北。

In right Sanchindachi, the right hand moves to the right side, the left hand in Kamae, then blocks. (facing north)

En Sanchindachi droit, le bras droit se place sur le côté droit, la main gauche en Kamae pour bloquer. (regard vers le nord)

㉟ 挙動 Move/Mouvement

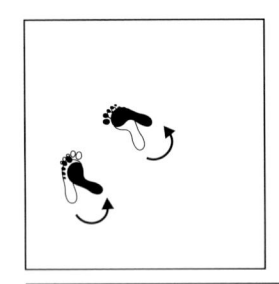

西方向へ転進して左三戦立ちとなり、息を吸いながら回し受け。目付西。

Turn to the west into left Sanchindachi, blocking Mawashi-uke while inhaling. (facing west)

Tourner vers l'ouest en Sanchindachi gauche, en bloquant Mawashi-uke tout en inspirant. (regard vers l'ouest)

㊱ 挙動 Move/Mouvement

息を吐きながら、ゆっくり両掌で虎の口。目付西。

In left Sanchindachi, both hands slowly push forward (tiger's mouth) while exhaling. (facing west)

En Sanchindachi gauche, les deux mains poussent lentement devant (gueule de tigre) tout en expirant. (regard vers l'ouest)

㊲

挙動
Move/Mouvement

左腰へ左手、右手をとり、受けに入る。　目付西。

In left Sanchindachi, the left hand moves to the left side, the right hand in Kamae, then blocks. (facing west)

En Sanchindachi gauche, le bras gauche se place sur le côté gauche, la main droite en Kamae pour bloquer. (regard vers l'ouest)

㊳

挙動
Move/Mouvement

右足を前進し右三戦立ちとなり、息を吸いながら回し受け。目付西。

The right leg steps forward into right Sanchindachi, blocking Mawashi-uke while inhaling. (facing west)

La jambe droite avance d'un pas en Sanchindachi droit, en bloquant Mawashi-uke tout en inspirant. (regard vers l'ouest)

㊴

挙動
Move/Mouvement

息を吐きながら、ゆっくり両掌で虎の口。　目付西。

In right Sanchindachi, both hands slowly push forward (tiger's mouth) while exhaling. (facing west)

En Sanchindachi droit, les deux mains poussent lentement devant (gueule de tigre) tout en expirant. (regard vers l'ouest)

㊵

挙動
Move/Mouvement

息を吸いながら、右掛け受け。　目付西。

In right Sanchindachi, the right hand performs Kake-uke while inhaling. (facing west)

En Sanchindachi droit, la main droite exécute Kake-uke tout en inspirant. (regard vers l'ouest)

㊶

挙動
Move/Mouvement

息を吐きながら、右掛け受けから左貫手。　　　目付西。

In right Sanchindachi, the right hand pulls back (Kake-uke) while exhaling, the left hand strikes Chudan-nukite.
(facing west)

En Sanchindachi droit, la main droite tire (Kake-uke) vers l'arrière tout en expirant, la main gauche frappe Chudan-nukite. (regard vers l'ouest)

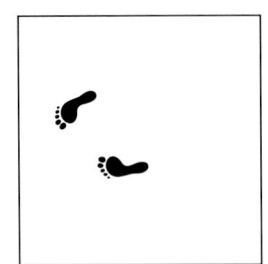

㊷

挙動
Move/Mouvement

右腰へ右手、左手をとり、受けに入る。　　　目付西。

In right Sanchindachi, the right hand moves to the right side, the left hand in Kamae, then blocks. (facing west)

En Sanchindachi droit, le bras droit se place sur le côté droit, la main gauche en Kamae pour bloquer. (regard vers l'ouest)

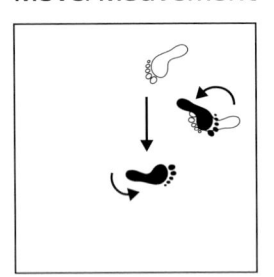

㊸

挙動
Move/Mouvement

右足を左方向へ交差し、東方向に振り向き左三戦立ちとなり、息を吸いながら回し受け。　　　目付東。

The right leg steps across to the south, then turn behind to the east into left Sanchindachi, blocking Mawashi-uke while inhaling. (facing east)

La jambe droite fait un pas en croisant vers le sud, puis tourner vers l'arrière en direction de l'est en Sanchindachi gauche, bloquant Mawashi-uke tout en inspirant.
(regard vers l'est)

㊹

挙動
Move/Mouvement

息を吐きながら、ゆっくり両掌で虎の口。　　　目付東。

In left Sanchindachi, both hands slowly push forward (tiger's mouth) while exhaling. (facing east)

En Sanchindachi gauche, les deux mains poussent lentement devant (gueule de tigre) tout en expirant. (regard vers l'est)

㊺ 挙動 Move/Mouvement

左腰へ左手、右手をとり、受けに入る。　　　　　　目付東。

In left Sanchindachi, the left hand moves to the left side, the right hand in Kamae, then blocks. (facing east)

En Sanchindachi gauche, la main gauche se place sur le côté gauche, la main droite en Kamae pour bloquer.
(regard vers l'est)

㊻ 挙動 Move/Mouvement

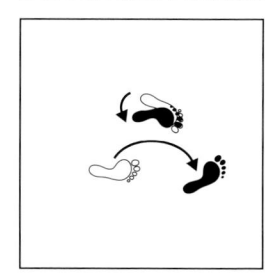

右足を前進し右三戦立ちとなり、息を吸いながら回し受け。
　　　　　　　　　　　　　　　　　　　　　　　目付東。

The right leg steps forward into right Sanchindachi, blocking Mawashi-uke while inhaling. (facing east)

La jambe droite avance d'un pas en Sanchindachi droit, tout en inspirant. (regard vers l'est)

㊼ 挙動 Move/Mouvement

息を吐きながら、ゆっくり両掌で虎の口。　　　　　目付東。

In right Sanchindachi, both hands slowly push forward (tiger's mouth) while exhaling. (facing east)

En Sanchindachi droit, les deux mains poussent lentement devant (gueule de tigre) tout en expirant. (regard vers l'est)

㊽ 挙動 Move/Mouvement

息を吸いながら、右掛け受け。　　　　　　　　　　目付東。

In right Sanchindachi, the right hand performs Kake-uke while inhaling. (facing east)

En Sanchindachi droit, la main droite exécute Kake-uke tout en inspirant. (regard vers l'est)

百歩連　Becchurin

㊾ 挙動 Move/Mouvement

息を吐きながら、右掛け受けから左貫手。　　　　目付東。

In right Sanchindachi, the right hand pulls back (Kake-uke) while exhaling, the left hand strikes Chudan-nukite.
(facing east)

En Sanchindachi droit, la main droite tire (Kake-uke) vers l'arrière tout en expirant, la main gauche frappe Chudan-nukite.
(regard vers l'est)

㊿ 挙動 Move/Mouvement

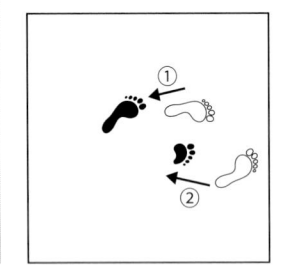

左足、右足と後方（西方向）へ移動し、右猫足立ちとなる。
目付東。

The left then right leg slides backwards (to the west), dropping into right Nekoashidachi. (facing east)

La jambe gauche puis la droite glisse vers l'arrière (en direction de l'ouest), s'abaissant en position Nekoashidachi droit.
(regard vers l'est)

㊱ 挙動 Move/Mouvement

左掌で中段を守り、右掌を下方へ。　　　　　　目付東。

In right Nekoashidachi, the left hand protects Chudan and the right pushes downward. (facing east)

En Nekoashidachi droit, la main gauche protège Chudan et la main droite pousse vers le bas. (regard vers l'est)

㊲ 挙動 Move/Mouvement

右足、左足と前方へ移動しながら、後方に振り向いて左猫足立ちとなり、右掌で中段を守り、左掌を下方へ。目付西。

The right then left leg slides forward (east), then turn behind into left Nekoashidachi facing west, the right hand protects Chudan and the left pushes downward. (facing west)

La jambe droite puis la gauche glisse devant (vers l'est) et tourne vers l'arrière en Nekoashidachi gauche face à l'ouest, la main droite protège Chudan et la main gauche pousse vers le bas.
(regard vers l'ouest)

120

(53)

挙動
Move/Mouvement

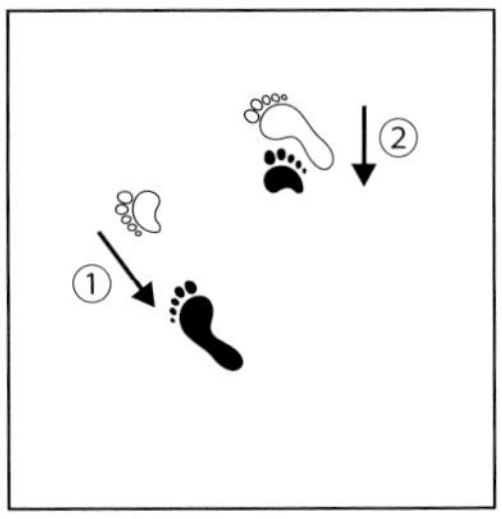

左足、右足と右後方へ移動し、右猫足立ちとなる。目付北。

The left then right leg moves to the south, turning to the north in right Nekoashidachi. (facing north)

La jambe gauche puis la droite se déplace vers le sud en tournant en direction du nord en Nekoashidachi droit. (regard vers le nord)

(54)

挙動
Move/Mouvement

左掌で中段を守り、右掌を下方へ。 目付北。

In right Nekoashidachi, the left hand protects Chudan and the right pushes downward. (facing north)

En Nekoashidachi droit, la main gauche protège Chudan et la droite pousse vers le bas. (regard vers le nord)

(55)

挙動
Move/Mouvement

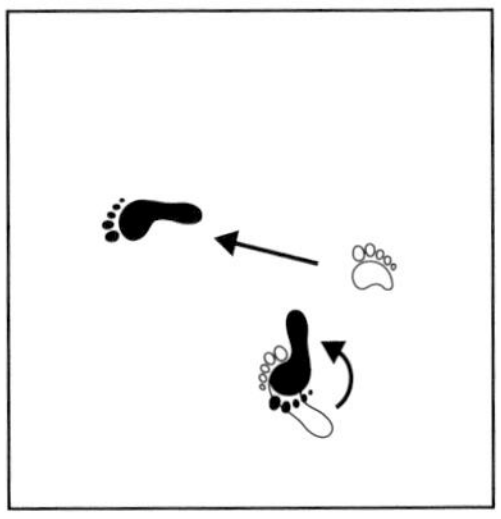

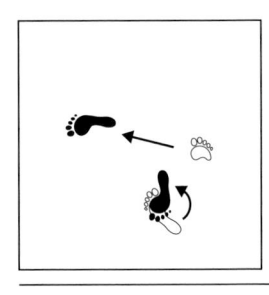

右足を左斜め前へ移動させながら振り向き、四股立ちとなり、左中段受け、右上段受け。 目付南。

The right leg steps diagonally across to the left, turning behind into Shikodachi, the left hand blocks Chudan-uke, the right hand blocks Jodan-uke. (facing south)

La jambe droite se déplace en diagonale vers la gauche en pivotant vers l'arrière en Shikodachi, la main gauche bloque Chudan-uke, la main droite bloque Jodan-uke. (regard vers le sud)

(56)

挙動
Move/Mouvement

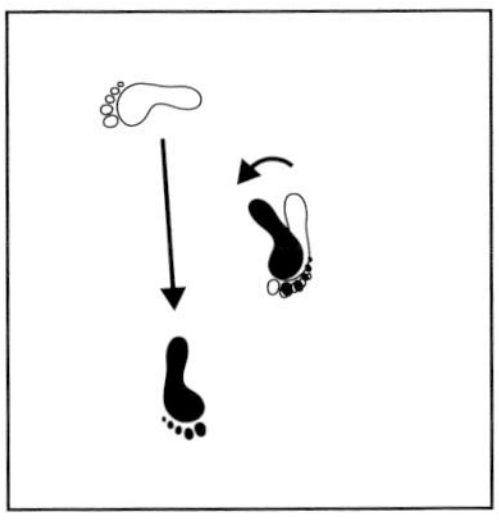

右足を前進し、右前屈立ちで両拳腰。 目付南。

The right leg steps forward into right Zenkutsudachi, both hands pull back to the sides. (facing south)

La jambe droite avance d'un pas en Zenkutsudachi droit, les deux mains tirent jusqu'aux hanches. (regard vers le sud)

㊼

挙動
Move/Mouvement

続けて双手突き（右上段、左中段）。　　　　　　目付南。

Still in right Zenkutsudachi, both hands punch (Morote-zuki), right hand Jodan, left hand Chudan. (facing south)

Toujours en Zenkutsudachi droit, maintenant les deux mains frappent, la main droite en Jodan, la main gauche en Chudan (Morote-zuki). (regard vers le sud)

㊽

挙動
Move/Mouvement

四股立ちとなり、右下段打ち。　　　　　　　　目付南。

Stand in Shikodachi, the right hand strikes Gedan-uchi, the left hand pulls back to the side. (facing south)

En Shikodachi, la main droite frappe Gedan-uchi, la main gauche à la hanche en Kamae. (regard vers le sud)

㊾

挙動
Move/Mouvement

右前屈立ちとなり、左中段逆突き。　　　　　　目付南。

Stand in right Zenkutsudachi, the left hand punches Chudan-gyaku-zuki, the right hand pulls back to the side. (facing south)

En Zenkutsudachi droit, la main gauche frappe Chudan-gyaku-zuki, la main droite à la hanche en Kamae. (regard vers le sud)

㊿

挙動
Move/Mouvement

右足を東方向へ移動し、後方に振り向き四股立ちとなり、左中段受け、右上段受け（挙動㉟）。　　目付北。

The right leg moves across to the east and turn behind into Shikodachi, the left hand blocks Chudan-uke, the right hand blocks Jodan-uke (See photo in Move 55). (facing north)

La jambe droite se déplace d'un pas vers l'est puis pivoter vers l'arrière en Shikodachi, la main gauche bloque Chudan-uke, la main droite bloque Jodan-uke (voir mouvement 55). (regard vers le nord)

㉖①

挙動
Move/Mouvement

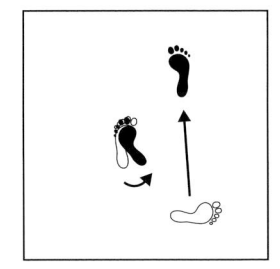

右足を前進し、右前屈立ちで両拳腰（挙動㊼）。　目付北。

The right leg steps forward into right Zenkutsudachi, both hands pull back to the sides (See photo in Move 56).
(facing north)

La jambe droite avance d'un pas en Zenkutsudachi droit, les deux mains tirent vers l'arrière jusqu'aux côtés (voir mouvement 56).　(regard vers le nord)

㉒

挙動
Move/Mouvement

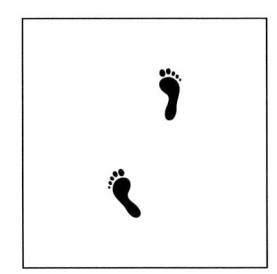

続けて双手突き（右上段、左中段）（挙動㊽）。　目付北。

In right Zenkutsudachi, both hands punch(Morote-zuki), right hand Jodan, left hand Chudan (See photo in Move 57).
(facing north)

En Zenkutsudachi droit, maintenant les deux mains frappent, la main droite en Jodan, la main gauche en Chudan(Morote-zuki)(voir mouvement 57).　(regard vers le nord)

㉓

挙動
Move/Mouvement

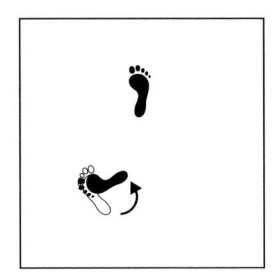

四股立ちとなり、右下段打ち（挙動㊾）。　目付北。

Stand in Shikodachi, the right hand strikes Gedan-uchi, the left hand pulls back to the side (See photo in Move 58).
(facing north)

En Shikodachi, la main droite frappe Gedan-uchi, la main gauche à la hanche en Kamae (voir mouvement 58).
(regard vers le nord)

㉔

挙動
Move/Mouvement

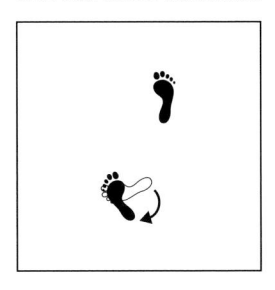

右前屈立ちとなり、左中段逆突き。　目付北。

Stand in right Zenkutsudachi, the left hand punches Chudan-gyaku-zuki, the right hand pulls back to the side.
(facing north)

En Zenkutsudachi droit, la main gauche frappe Chudan-gyaku-zuki, la main droite à la hanche en Kamae.
(regard vers le nord)

百歩連　Becchurin

㊕

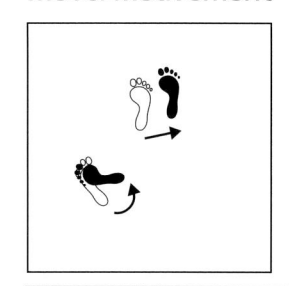

挙動
Move/Mouvement

右足を右方へ移動し、西方向に四股立ちとなり、左中段受け、右上段受け。　　　　　　　　　　目付西。

The right leg slides to the east and turn into Shikodachi facing west, the left hand blocks Chudan-uke, the right hand blocks Jodan-uke. (facing west)

La jambe droite glisse vers l'est pour pivoter en Shikodachi face à l'ouest, la main gauche bloque Chudan-uke, la main droite bloque Jodan-uke. (regard vers l'ouest)

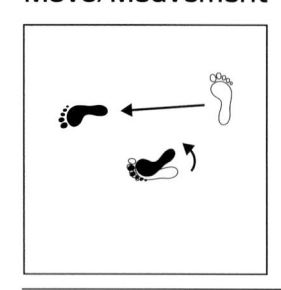

㊅

挙動
Move/Mouvement

右足を前進し、右前屈立ちで両拳腰。　　　目付西。

The right leg steps forward into right Zenkutsudachi, both hands pull back to the sides. (facing west)

La jambe droite avance d'un pas en Zenkutsudachi droit, les deux mains se retirent jusqu'aux hanches. (regard vers l'ouest)

㊆

挙動
Move/Mouvement

続けて双手突き（右上段、左中段）。　　　目付西。

In right Zenkutsudachi, both hands punch(Morote-zuki) (right/Jodan, left/Chudan). (facing west)

En Zenkutsudachi droit, maintenant les deux mains frappent, la main droite en Jodan et la main gauche en Chudan (Morote-zuki). (regard vers l'ouest)

㊇

挙動
Move/Mouvement

四股立ちとなり、右下段打ち。　　　　　　目付西。

Stand in Shikodachi, the right hand strikes Gedan-uchi, the left hand pulls back to the side. (facing west)

En Shikodachi, la main droite frappe Gedan-uchi, la main gauche à la hanche en Kamae. (regard vers l'ouest)

⑥⑨ 挙動 Move/Mouvement

右前屈立ちとなり、左中段逆突き。　　目付西。

Stand in right Zenkutsudachi, the left hand punches Chudan-gyaku-zuki, the right hand pulls back to the side. (facing west)

En Zenkutsudachi droit, la main gauche frappe Chudan-gyaku-zuki, la main droite à la hanche en Kamae. (regard vers l'ouest)

⑦⓪ 挙動 Move/Mouvement

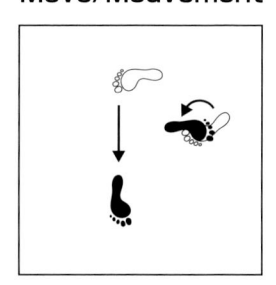

右足を左方へ移動し、後方へ振り向き四股立ちとなり、左中段受け、右上段受け。　　目付東。

The right leg slides across to the south, then turn behind into Shikodachi, the left hand blocks Chudan-uke, the right hand blocks Jodan-uke. (facing east)

La jambe droite glisse vers le sud pour pivoter en l'arrière en Shikodachi, la main gauche bloque Chudan-uke, la main droite bloque Jodan-uke. (regard vers l'est)

⑦① 挙動 Move/Mouvement

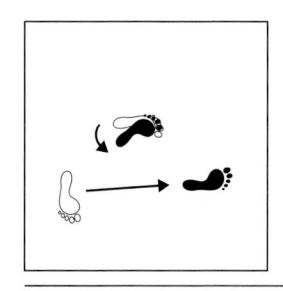

右足を前進し、右前屈立ちで両拳腰。　　目付東。

The right leg steps forward into right Zenkutsudachi, both hands pull back to the sides. (facing east)

La jambe droite avance d'un pas en Zenkutsudachi droit, les deux mains tirent aux hanches. (regard vers l'est)

⑦② 挙動 Move/Mouvement

続けて双手突き（右上段、左中段）。　　目付東。

In right Zenkutsudachi, both hands punch(Morote-zuki), (right/Jodan, left/Chudan). (facing east)

En Zenkutsudachi droit, maintenant les deux mains frappent, la main droite en Jodan et la main gauche en Chudan(Morote-zuki). (regard vers l'est)

百歩連　Becchurin

⑦③

挙動
Move/Mouvement

四股立ちとなり、右下段打ち。　　　　　目付東。

Stand in Shikodachi, the right hand strikes Gedan-uchi, the left hand pulls back to the side. (facing east)

En Shikodachi, la main droite frappe Gedan-uchi, la main gauche à la hanche en Kamae. (regard vers l'est)

⑦④

挙動
Move/Mouvement

右前屈立ちとなり、左中段逆突き。　　　目付東。

Stand in right Zenkutsudachi, the left hand punches Chudan-gyaku-zuki, the right hand pulls back to the side. (facing east)

En Zenkutsudachi droit, la main gauche frappe Chudan-gyaku-zuki, la main droite à la hanche en Kamae. (regard vers l'est)

⑦⑤

挙動
Move/Mouvement

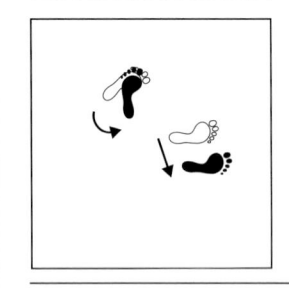

右足を右斜め前へ移動し四股立ちとなり、左斜め方向に振り向き、左拳中段、右拳水月前に構える。目付北西。

The right leg slides diagonally to the right, turning into left Shikodachi facing the north-west, the left hand blocking Chudan-uke, the right hand in Kamae in front of the solar plexus. (facing north-west)

La jambe droite glisse en diagonale vers la droite, tournant en Shikodachi gauche face au nord-ouest, la main gauche bloquant Chudan-uke, la main droite en Kamae devant le plexus solaire. (regard vers le nord-ouest)

⑦⑥

挙動
Move/Mouvement

右足を前進し右前屈立ちとなり、左腕の上から右拳を突き出す。　　　　　　　　　　目付北西。

The right leg steps forward to the north-west into right Zenkutsudachi, the right hand punches over the left arm. (facing north-west)

La jambe droite avance en direction du nord-ouest en Zenkutsudachi droit, la main droite frappe au-dessus du bras gauche. (regard vers le nord-ouest)

⑦⑦ 挙動 Move/Mouvement

四股立ちとなり、両拳下方に払う。　　目付北西。

In Shikodachi, both hands sweep down (Gedan-barai) to either sides. (facing north-west)

En Shikodachi, les deux mains balaient vers le bas de chaque côté(Gedan-barai).　(regard vers le nord-ouest)

⑦⑧ 挙動 Move/Mouvement

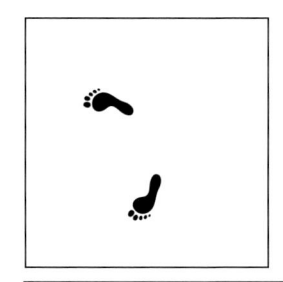

左方向に振り向き、左拳中段、右拳水月前に構える。　　目付南東。

Turn to face the south-east still in Shikodachi, the left hand blocking Chudan-uke, the right hand in Kamae in front of the solar plexus. (facing south-east)

Toujours en Shikodachi, s'orienter face au sud-est, la main gauche bloque Chudan-uke, la main droite en Kamae devant le plexus solaire. (regard vers le sud-est)

⑦⑨ 挙動 Move/Mouvement

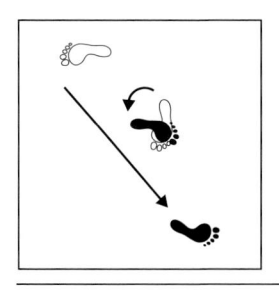

右足を前進し、右前屈立ちとなり、左腕の上から右拳を突き出す。　　目付南東。

The right leg steps forward to the south-east into right Zenkutsudachi, the right hand punches over the left arm. (facing south-east)

La jambe droite avance d'un pas en direction du sud-est, en Zenkutsudachi droit, la main droite frappe par-dessus le bras gauche. (regard vers le sud-est)

⑧⓪ 挙動 Move/Mouvement

四股立ちとなり、両拳下方に払う。　　目付南東。

In Shikodachi, both hands sweep down(Gedan-barai) to either sides. (facing south-east)

En Shikodachi, les deux mains balaient vers le bas de chaque côté(Gedan-barai). (regard vers le sud-est)

百歩連　Beccurin　127

⑧1 挙動 Move/Mouvement

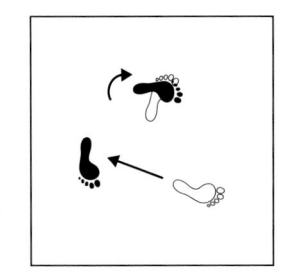

右足を斜め後方へ引き四股立ちとなり、左拳中段、右拳水月前に構える。　　　　目付北東。

The right leg steps back to the south-west turning into Shikodachi facing north-east, the left hand blocking Chudan-uke, the right hand in Kamae in front of the solar plexus.　　　(facing north-east)

La jambe droite recule d'un pas vers le sud-ouest, tournant en Shikodachi face au nord-est. La main gauche bloque Chudan-uke, la main droite en Kamae devant le plexus solaire.　　　(regard vers le nord-est)

⑧2 挙動 Move/Mouvement

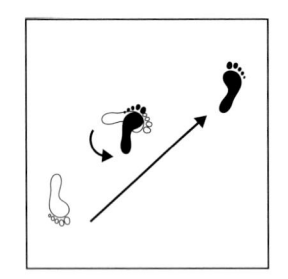

右足を前進し右前屈立ちとなり、左腕の上から右拳を突き出す。　　　　目付北東。

The right leg steps forward to the north-east into right Zenkutsudachi, the right hand punches over the left arm.　　　(facing north-east)

La jambe droite avance d'un pas vers le nord-est en Zenkutsudachi droit, la main droite frappe par-dessus le bras gauche.　　　(regard vers le nord-est)

⑧3 挙動 Move/Mouvement

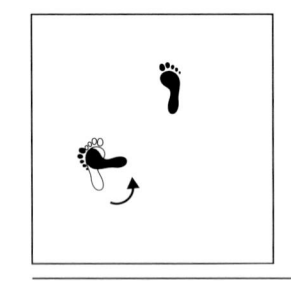

四股立ちとなり、両拳下方に払う。　　目付北東。

In Shikodachi, both hands sweep down(Gedan-barai) to either sides.　　　(facing north-east)

En Shikodachi, les deux mains balaient vers le bas de chaque côté(Gedan-barai).　　　(regard vers le nord-est)

⑧4 挙動 Move/Mouvement

左方向へ振り向き、左拳中段、右拳水月前に構える。　　　　目付南西。

Turn to face the south-west still in Shikodachi, the left hand blocking Chudan-uke, the right hand in Kamae in front of the solar plexus.　　　(facing south-west)

Toujours en Shikodachi, s'orienter face au sud-ouest, la main gauche bloquant Chudan-uke, la main droite en Kamae devant le plexus solaire.(regard vers le sud-ouest)

⑧⑤
挙動
Move/Mouvement

右足を前進し右前屈立ちとなり、左腕の上から右拳を突き出す。　　　　　　　　　　　　　　　　目付南西。

The right leg steps forward into right Zenkutsudachi, the right hand punches over the left arm. (facing south-west)

La jambe droite avance d'un pas en Zenkutsudachi droit, la main droite frappe par-dessus le bras gauche.
(regard vers le sud-ouest)

⑧⑥
挙動
Move/Mouvement

四股立ちとなり、両拳下方に払う。　　目付南西。

In Shikodachi, both hands sweep down (Gedan-barai) to either sides.　　(facing south-west)

En Shikodachi, les deux mains balaient vers le bas de chaque côté(Gedan-barai).　(regard vers le sud-ouest)

⑧⑦
挙動
Move/Mouvement

右足を少し左方向へ寄せ右三戦立ちとなり、息をゆっくり吐きながら、右掛け受け、左掌押え。　目付南。

The right leg slides across slightly to the east, turning into right Sanchindachi, the right hand blocking Kake-uke, the left hand blocking Osae-uke, while exhaling slowly.　(facing south)

La jambe droite glisse légèrement vers l'est pour venir se placer en Sanchindachi droit, la main droite bloquant Kake-uke, la main gauche bloquant Osae-uke, tout en expirant lentement.　(regard vers le sud)

⑧⑧
挙動
Move/Mouvement

左足を前進させ左三戦立ちとなり、息をゆっくり吐きながら、左掛け受け、右掌押え。　目付南。

The left leg steps forward into left Sanchindachi, left hand Kake-uke, right hand Osae-uke while exhaling slowly.　(facing south)

La jambe gauche avance d'un pas en Sanchindachi gauche, la main gauche Kake-uke, la main droite Osae-uke tout en expirant lentement.　(regard vers le sud)

百歩連　Becchurin

(89)

挙動
Move/Mouvement

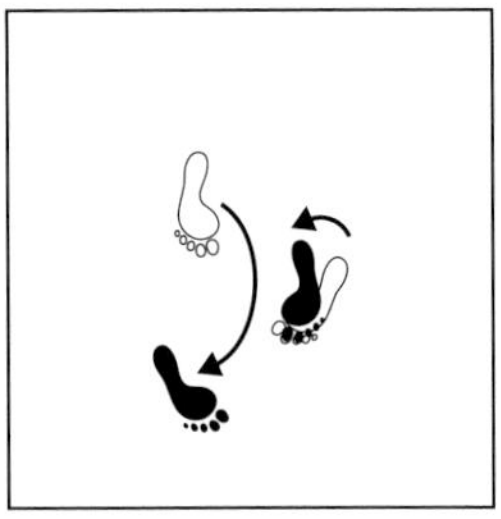

右足を前進させ右三戦立ちとなり、息をゆっくり吐きながら、右掛け受け、左掌押え。 目付南。

The right leg steps forward into right Sanchindachi, right hand Kake-uke, left hand Osae-uke while exhaling slowly. (facing south)

La jambe droite avance d'un pas en Sanchindachi droit, la main droite Kake-uke, la main gauche Osae-uke tout en expirant lentement. (regard vers le sud)

(90)

挙動
Move/Mouvement

右足を左方向へ交差し、振り向き左三戦立ちとなる。

The right leg steps across to the east turning behind into left Sanchindachi.

La jambe droite croise d'un pas vers l'est pour pivoter vers l'arrière en Sanchindachi gauche.

(91)

挙動
Move/Mouvement

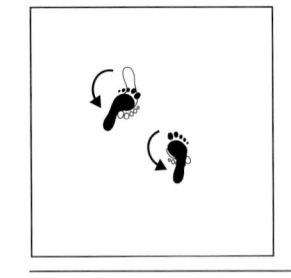

息をゆっくり吐きながら、左掛け受け、右掌押え。 目付北。

Left hand Kake-uke, right hand Osae-uke while exhaling slowly. (facing north)

Main gauche Kake-uke, la main droite Osae-uke tout en expirant lentement. (regard vers le nord)

(92)

挙動
Move/Mouvement

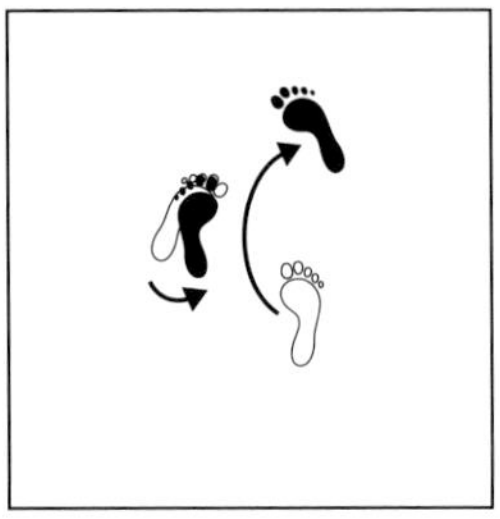

右足を前進させ右三戦立ちとなり、息をゆっくり吐きながら、右掛け受け、左掌押え。 目付北。

The right leg steps forward into right Sanchindachi, right hand Kake-uke, left hand Osae-uke while exhaling slowly. (facing north)

La jambe droite avance d'un pas en Sanchindachi droit, la main droite Kake-uke, la main gauche Osae-uke tout en expirant lentement. (regard vers le nord)

⑨③

挙動
Move/Mouvement

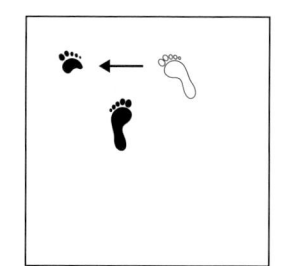

右足を左方向へ交差し、振り向き左三戦立ちとなる。

The right leg steps across to the west turning behind into left Sanchindachi.

La jambe droite croise d'un pas vers l'ouest pour pivoter vers l'arrière en Sanchindachi gauche.

⑨④

挙動
Move/Mouvement

息をゆっくり吐きながら、左掛け受け、右掌押え。
　　　　　　　　　　　　　　　　　　目付南。

Left hand Kake-uke, right hand Osae-uke while exhaling slowly. (facing south)

La main gauche Kake-uke, la main droite Osae-uke tout en expirant lentement. (regard vers le sud)

⑨⑤

挙動
Move/Mouvement

回し蹴りの構え。　　　　　　　　目付南。

From left Sanchindachi, prepare to kick Namigaeshi. (facing south)

En Sanchindachi gauche, préparer pour frapper en Namigaeshi. (regard vers le sud)

⑨⑥

挙動
Move/Mouvement

右回し蹴り、左手に当て。　　　　目付南。

The right leg kicks(Namigaeshi) into the left hand. (facing south)

La jambe droite frappe en Namigaeshi dans la main gauche, à faire un tour complet (360°). (regard vers le sud)

百歩連　Becchurin　131

⑨⑦ 挙動 Move/Mouvement

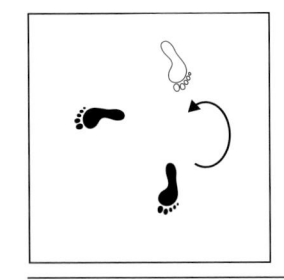

一回転し四股立ちとなり、左掛け受け、右手水月前に構える。　　目付南。

Turn 360° in Shikodachi, the left hand blocking Kake-uke, the right hand in Kamae in front of the solar plexus.
(facing south)

En Shikodachi, la main gauche bloquant Kake-uke, la main droite en Kamae devant le plexus solaire. (regard vers le sud)

⑨⑧ 挙動 Move/Mouvement

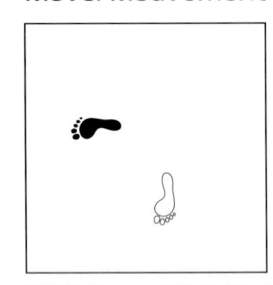

四股立ちより左蹴り。　　目付南。

From Shikodachi, the left leg kicks (Chudan-geri).
(facing south)

À partir de Shikodachi, la jambe gauche frappe Chudan-geri.
(regard vers le sud)

⑨⑨ 挙動 Move/Mouvement

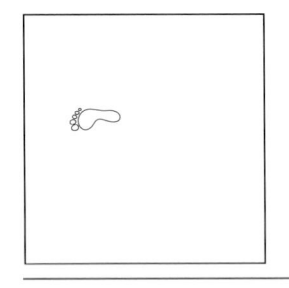

飛び上がり、右二段蹴り。　　目付南。

Jump upwards with right leg Nidan-geri.　(facing south)

Sauter en frappant Nidan-Tobi-Geri de la jambe droite.
(regard vers le sud)

⑩⑩ 挙動 Move/Mouvement

着地と同時に四股立ちとなり、右肘当て。　　目付南。

Land directly into Shikodachi, the right elbow strikes (Hijiate) into the left hand.　(facing south)

Poser directement en Shikodachi, le coude droit frappe (Hijiate) dans la main gauche.　(regard vers le sud)

⑩ 挙動
Move/Mouvement

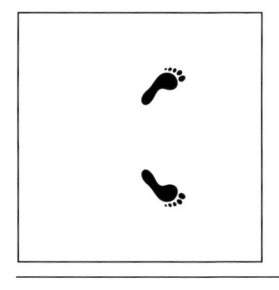

右裏拳打ち。　　　　　　　　　　　　目付南。

In Shikodachi, the right hand strikes Uraken.
(facing south)

En Shikodachi, la main droite frappe Uraken.
(regard vers le sud)

⑩ 挙動
Move/Mouvement

右足を左方に引き四股立ちとなり、ゆっくり息を吐きながら左掛受け、右水月前に構える。　　目付南。

The right leg steps back to the north into Shikodachi, the left hand blocking Kake-uke, the right hand in Kamae in front of the solar plexus, while exhaling slowly.
(facing south)

La jambe droite recule d'un pas vers le nord en Shikodachi, la main gauche bloquant Kake-uke, la main droite en Kamae devant le plexus solaire tout en expirant lentement.
(regard vers le sud)

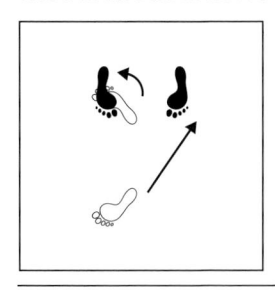

⑩ 挙動
Move/Mouvement

左足を後方へ引き、平行立ちとなる。　　目付南。

The left leg pulls back into Heikodachi, the hands clench and extend to the both sides of the thighs. (facing south)

La jambe gauche se retire vers l'arrière, se remettre en Heikodachi, les deux poings sur le côté des cuisses.
(regard vers le sud)

⑩ 直立
Stand/Debout

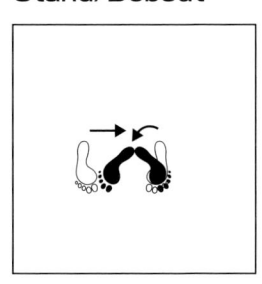

結び立ち。　　　　　　　　　　　　　目付南。

Stand in Musubidachi, the hands open put together, left on top, in front of the Kinteki.
(facing south)

Se mettre en Musubidachi, les mains ouvertes l'une (gauche) sur l'autre(droite) devant le Kinteki.
(regard vers le sud)

百歩連　Becchurin　133

分解／一〇八
Ippyakureihachi

百歩連
Becchurin

一〇八 分解

25～27ページ 挙動㊀～㊆の分解

相手の右中段または上段の攻撃を左三戦立ちとなり開手にて左中段流し受けを行い、左中段貫手。さらに踏み込みながら、相手の頸部を両手で抱え込み頭部へ頭突きを行う。

Counter-attack with right Tsuki-Chudan or right Tsuki-Jodan, block with left Chudan or Jodan-nagashi-uke with Kaishu (open hands) in left Sanchindachi position, punch with right Chudan-nukite, by advancing a step, seize his neck with both hands, give a head-blow to his face.

Contre-attaque en Tsuki-Chudan droit ou Tsuki-Jodan droit, parer en Chudan ou Jodan-nagashi-uke gauche avec Kaishu (mains ouvertes) en position Sanchindachi gauche, frappe en Chudan-nukite droit, en avançant un pas, saisir son cou avec les deux mains, donner un coup de tête au visage.

29～30ページ 挙動㊇～㉕の分解

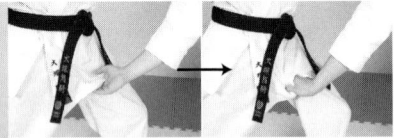

相手の右中段蹴りを右前屈立ちとなり、流し受けを行いながら抱え込み、前に出て相手の鼠蹊部を攻撃する。または、相手の急所を手の甲を下にして握り、手を内側に捩りながら自分のほうに引き込む。

To block a front kick in Chudan-maegeri, block with left Nagashi-uke in right Zenkutsudachi position, while advancing, seize and strike to the groin or the genitals, seize the testicles, twist them inwards with the right hand.

Contre un coup de pied droit en Chudan-maegeri, parer avec Nagashi-uke gauche en position Zenkutsudachi droit, en avançant saisir et frapper à l'aine ou au bas-ventre, saisir les testicules, les tordre vers l'intérieur de la main droite.

37ページ 挙動⑱〜⑲の分解

相手の上段突きを、前に踏み込み左前屈立ちとなり、開手にて流し受けを行うと同時に中段貫手を行う。さらに相手の左側に回り込みながら基立ちとなり、相手の腕を右手で内側より抱え込み、相手を手前に引き込みながら肘固めを行う。

Against Jodan-zuki, block while making one step forward into left Zenkutsudachi position with Kaishu (open hands), Nagashi-uke, simultaneously, attack with right Nukite, then while turning on the left of the arm of adversary in Motodachi, counter-attack with Tsuki, block while advancing, seize by the interior with the right hand while pulling forwards, carry out Hiji-gatame (technique of elbow-lock).

Contre Jodan-zuki, parer en avançant d'un pas en position Zenkutsudachi gauche avec Kaishu (mains ouvertes), Nagashi-uke, en même temps, effectuer un Nukite droit, puis en tournant par la gauche du bras de l'adversaire en Motodachi, contre-attaquer avec un Tsuki, parer en avançant, saisir par l'intérieur avec la main droite en tirant vers l'avant, effectuer un Hiji-gatame (technique de blocage du coude).

38ページ 挙動㉑の分解

相手の右中段突きを、四股立ちとなり左狐拳受けを行うと同時に、相手の顎を右狐拳にて攻撃する。

Against right Jodan-zuki, block in Shikodachi position with left Koken-uke, blow at the same time with right Koken to the chin.

Contre Jodan-zuki droit, parer en position Shikodachi avec Koken-uke gauche, en même temps frapper avec Koken droit au menton.

百歩連 分解

112〜119ページ 挙動⑱〜㊽分解

相手に取られた右手を内側に捩り上げながら、相手の手首を摑むと同時に、左手を相手の外側より巻き込み相手の腕を捩り込む。

When the adversary seized the right hand, rise and at the same time turn the seized hand, use the left hand outside in order to take his arm and seize it by twisting it.

Lorsque l'adversaire a saisi la main droite, lever et tourner en même temps la main saisie, utiliser la main gauche par l'extérieur afin de prendre son bras et le saisir en le tordant.

相手に取られた右手を内側に捩り上げながら、相手の手首を摑むと同時に、右手で相手の肘を取り、回り込みながら相手の肩甲骨を取り、腕を捩り込む。

When the adversary seized the right hand, rise and at the same time turn the seized hand, seize his wrist and elbow, by circumventing it, take his scapula and his arm and seize it by twisting it.

Lorsque l'adversaire a saisi la main droite, lever et tourner en même temps la main saisie, saisir son poignet et son coude, en le contournant, prendre son omoplate et prendre son bras et le saisir en le tordant.

相手に取られた右手を内側に捩り上げながら、相手の手首を摑むと同時に上方に上げ、相手の腕を内側に捻じ込み、正面に巻き込みながら手首と肘を固める。

When the adversary seized the right hand, rise and at the same time turn the seized hand upwards, simultaneously, seize his wrist, twist his arm inwards until opposite in order to lock his wrist and elbow, thus reinforcing the lock.

Lorsque l'adversaire a saisi la main droite, lever et tourner en même temps la main saisie vers le haut, en même temps, saisir son poignet, tordre son bras par l'intérieur jusqu'en face afin de prendre son poignet et son coude pour renforcer la prise.

121～125ページ 挙動㊺～㊷分解

相手の右中段突きを左四股立ちとなり、中段外受けを行い、右前屈立ちで双手突き（上段は頸部、中段は腹部）。四股立ちとなり、左手で相手の右拳を摑むと同時に右拳を相手の股間に入れ、背部へ抱え上げ左方向へ投げる。

Against right Chudan-zuki, block with Chudan-soto-uke in left Shikodachi position, blow in Morote-zuki (Jodan-zuki to the neck, Chudan-zuki to the belly) in right Zenkutsudachi position, change to Shikodachi position and seize his right wrist with the left hand, at the same time while passing the right hand between both legs, lift him on one's back and throw it to the left side.

Contre Chudan-zuki droit, parer avec Chudan-soto-uke en position Shikodachi gauche, frapper en Morote-zuki (Jodan-zuki au cou, Chudan-zuki au ventre) en position Zenkutsudachi droit, se mettre en position Shikodachi et saisir son poignet droit avec la main gauche, en même temps en passant la main droite entre les deux jambes, le lever sur son dos et le jeter vers la gauche.

126〜129ページ 挙動㉟〜㊻分解

相手の左中段突きを右に転進して左四股立ちとなり左中段受けを行い、右足を前に移動させ左手にて相手の左拳を押さえると同時に右拳にて上段上げ突きを行う（この時右足の位置は、相手の左足の外側に置く）。その位置にて右四股立ちとなり、相手の左拳を取り上方に引き上げ相手の金的を撃つと同時に相手の衣類を摑み、右前屈立ちになりながら自分の背部へ投げを行う。

Against left Chudan-zuki, block while moving to the right in left Shikodachi position, block with left Chudan-uke, the right foot moves forward, hold the left fist of the adversary, at the same time blow with Jodan-age-zuki with the right fist (the right foot outside of the left foot of the adversary), change to right Shikodachi position, seize his left fist, at the same time lift him, strike the genitals of the adversary, simultaneously seize his gi in right Zenkutsudachi and throw it on his back.

Contre Chudan-zuki gauche, parer en se déplaçant vers la droite en position Shikodachi gauche, effectuer Chudan-uke gauche, le pied droit se déplace devant, maintenir le poing gauche de l'adversaire, en même temps frapper en Jodan-age-zuki avec le poing droit (le pied droit placé à l'extérieur du pied gauche de l'adversaire), passer en position Shikodachi droit, prendre son poing gauche, en même temps le lever, frapper le bas-ventre de l'adversaire, en même temps saisir ses vêtements en position de Zenkutsudachi droit et le jeter sur son dos.

129～130ページ 挙動⑧⑦～⑨②分解

相手の左手で摑まれた右手を上方に内側より捻じ上げ、左手に持ち替え外側へ捻り固めながら再度右手に持ち替え一歩踏み込みながら、下に降ろすと同時に金的を打ち、右手手刀にて相手の頸部を攻撃する。

On a seizure of the right hand, rise one's hand and turn it inwards, change the hand, seize and twist outside, change the hand one more time, while advancing of a step, seize the wrist of the adversary until in bottom, at the same time, strike with Tettsui-blow to the genitals, blow to the neck of the adversary with right Shuto.

Sur une saisie de la main droite, lever sa main et la tourner vers l'intérieur, changer de main, saisir et tordre vers l'extérieur, changer encore de main, en avançant d'un pas, saisir le poignet de l'adversaire jusqu' en bas, en même temps, donner un coup Tettsui au bas-ventre, frapper au cou de l'adversaire en Shuto droit.

協力

- 矢頭 正人
  糸東流修交会空手道連合範士九段　（公財）全日本空手道連盟公認教士八段

- 筒井 文隆
  糸東流修交会空手道連合範士八段　京都大学空手道部前師範

- 倉井 敏之
  糸東流修交会空手道連合範士八段　（公財）全日本空手道連盟公認教士七段

- 上山 清治
  糸東流修交会空手道連合範士八段　（公財）全日本空手道連盟公認教士七段

- 宮野 次夫
  糸東流修交会空手道連合範士八段　（公財）全日本空手道連盟公認教士七段

- 中嶋 晋二
  糸東流修交会空手道連合達士八段　（公財）全日本空手道連盟公認教士七段

- 崎谷 末男
  糸東流修交会空手道連合達士八段　（公財）全日本空手道連盟公認錬士七段

- 蒲原　勉
  糸東流修交会空手道連合範士九段　山田派糸東流修交会世界連合首席師範
  全フランス空手道連盟エクスパート公認八段

- 武田　誉（分解演武指導）
  糸東流修交会空手道連合教士六段　（公財）全日本空手道連盟公認錬士六段

- 小林 木内（分解演武）
  糸東流修交会空手道連合教士六段　（公財）全日本空手道連盟公認六段

分解演武

- 前田 尚輝
  糸東流修交会空手道連合五段　（公財）全日本空手道連盟公認三段

- 大塚 悠騎
  糸東流修交会空手道連合四段　（公財）全日本空手道連盟公認三段

教本 壱百零八拳
一〇八 修交会／スーパーリンペイ 剛柔流／スーパーリンペイ 糸東流／百歩連

発　行　日	／ 2014年4月8日
著　　　者	／ 山田　治義
発　　　行	／ 山田派糸東流修交会義心館
	〒661-0973　兵庫県尼崎市善法寺町5-20
	TEL.06-6494-2245　FAX.06-6493-7632
協　　　力	／ 山田派糸東流修交会義心館ヨーロッパ協会
	首席師範　蒲原　勉
デザイン・データ処理	／ 野末壽美　荒田晴香(株式会社ディーランク)
校　正　校　閲	／ 大和悦子　平山智子(株式会社コバックス)
進　行　管　理	／ 川嶋豊美(株式会社コバックス)
翻　　　訳	／ 蒲原　勉　ブレット・サンプソン
撮　　　影	／ 森川光郎(中村スタジオ)
	大江眞一郎　羽田陽子(ラスターコーポレーション)
発　　　売	／ 中央公論事業出版
	〒104-0031　東京都中央区京橋2-8-7
	TEL.03-3535-1321　FAX.03-3535-1325
印　刷・製　本	／ 藤原印刷